말 하자니 일이 커지고
안 하자니 속이 터지고

말 하자니 일이 커지고
안 하자니 속이 터지고

초판 1쇄 발행 2015. 4. 13.
개정판 1쇄 발행 2019. 12. 26.
개정판 4쇄 발행 2023. 6. 20.

지은이 김지윤

발행인 고세규
편집 이예림 디자인 조은아 마케터 신일희 홍보 박은경
발행처 김영사
등록 1979년 5월 17일 (제406-2003-036호)
주소 경기도 파주시 문발로 197(문발동) 우편번호 10881
전화 마케팅부 031)955-3100, 편집부 031)955-3200 | 팩스 031)955-3111

값은 뒤표지에 있습니다.
ISBN 978-89-349-9996-6 03320

홈페이지 www.gimmyoung.com   블로그 blog.naver.com/gybook
인스타그램 instagram.com/gimmyoung   이메일 bestbook@gimmyoung.com

좋은 독자가 좋은 책을 만듭니다.
김영사는 독자 여러분의 의견에 항상 귀 기울이고 있습니다.

말 하자니 일이 커지고
안 하자니 속이 터지고

김지윤 지음

김영사

• 본문 그림 bellow

관계에 지친, 관계가 어려운, 관계를 갈망하는
모든 이에게

그녀의 책은 마치 한 권의 드라마틱한 시나리오를 보는 것 같다. 진정성이 가득한데 자기계발까지 되는, 소통에 관한 완벽한 지침서이다. 남다른 위트와 속 시원한 유머는 덤이다. '완벽할 수는 없지만, 비교적 나은 사람으로 계속 변화하는 것이 좋은 인생'이라는 그녀의 가르침이 내 마음을 촉촉하게 적신다. 나도 이 책을 읽고 좀 더 나은 사람이 되길 희망한다.

_라미란(영화배우)

사람들과 관계하다 보면 의도치 않게 오해를 사는 경우가 있다. 별 뜻 없이 한 말일지라도 상대방의 언어와 몸짓 때문에 심각하고 기분 나쁘게 받아들여지기도 한다. 진정성 있는 대화의 시작은 내가 정한 기준이 아니라 우리가 공감하는 대화여야 한다는 사실을 우리는 매번 잊는다. 그런 의미에서 이 책은 많은 이들의 가슴에 작은 울림으로 다가올 것이다.

_박종진(모그커뮤니케이션즈 CEO, 전 스무디킹 최고운영책임자)

김지윤 소장, 연애 상담 고수인지 알았더니 인간관계 고수였다! 남자와 여자, 너와 나, 우리와 너희 사이에 생기는 무수한 감정과 꼬인 관계를 거침없이 끄집어내어 맞장구치게 만든다. 필연적으로 마주치는 관계 맺기의 어려움 앞에서 '누구나 다 그래' 하며 도닥여주는 그녀가 있어서 참 다행이다. 요즘 같은 세상에, 옆집 언니에게서 느껴지는 편안함과 개그맨 뺨치는 유머감각을 갖춘 그녀가 풀어내는 솔직한 이야기만큼 큰 위안이 되는 것이 또 있을까. _손미나(작가, 허핑턴포스트 코리아 편집인)

김지윤 소장의 글은 사람 향기가 가득하다. 화려하진 않지만 담백하고 진솔하다. 이 책은 만만치 않은 내공과 통찰력으로 우리 시대의 갈등과 반목을 해결하기 위한 소통 방식을 알려준다. 심호흡 한 번 하고 구석구석 건강한 삶을 위한 방법들을 음미하면서 우리가 나가야 할 행로를 탐색하는 데 좋은 지침서가 될 것이다. _송준호(서강대 교수, 전 제일기획 국장)

김지윤 소장은 늘 시대와 연령을 초월해 언제나 화제의 중심이 되는 '연애'와 '관계'를 테크닉적으로 풀어내는 장사꾼이 아니라, 다른 이의 이야기를 자신의 일처럼 들어주며 함께 울고 웃고 진심어린 조언을 선물하는 사람이다. 이것이 이 책을 강력히 권하는 이유다. 남녀관계든 사회생활에서든 결국 승리하는 이는 진정성을 가지고 현명하게 소통할 줄 아는 사람이다. 연애나 사회생활이 어려운 이들이라면 책을 한 장 한 장 넘기면서 저자와 함께 좀 더 멋지고 행복하게 변해가는 자신을 느낄 수 있으리라 확신한다. _정아름(라이프스타일 디자이너)

소통에서 제일 중요한 것은 진심이라고 믿었던 시절이 있었다. 내가 아무리 서툴러도 나에게 진심만 있다면 그 진심은 상대방에게 전달되고, 상대가 나를 오해할 일은 없을 것이라 생각했다. 그런데 아니었다. 시간이 흐르며 알게 된 것은 진심만큼 전달되기 어려운 것은 없다는 사실이었다. 나를 포함한 많은 이들이 소중한 관계를 놓칠 위기 앞에서 말한다. "그건 너의 오해야, 난 너를 그렇게 생각한 적이 없어." 하지만 때 늦은 자기변호는 이미 틀어진 관계를 원래대로 복구할 힘이 없다.

나에게 상대를 향한 좋은 진심만 있다면 차가운 말투, 무표정, 무감한 반응, 반복되는 서툰 의사표현 방식에도 상대는 나의 진심을 느끼고 알 수 있을까? 절대 그럴 리 없다. 상대는 내가 '표현하는 만큼' 진심을 눈치채고, 느끼고, 추정한다. 반대로 사기꾼들에게 사람들이 속는 이유는 그들이 기가 막히게 진심을 위조하는 표현의 기술을 가졌기 때문이다. 혹시 또 모르겠다. 가족이나 오랜 친구는 긴 시간이라는 특수한 환경이 주어지니, 행운이 있다면 그 시간 속에서 비로소 진심을 알게 될 기회가 생길지도. 왜 보통 드라마에서 그러지 않나? 평생 애증의 거미줄에 얽혀 있던 가족이 간 이식 같은 매우 특수한 사건 앞에서 꼭 이런 대사를 날리더라. "내가 그동안 너를 오해했구나. 왜 내 진작 너의 마음을 몰랐을까, 바보같이. 엉엉엉엉⋯." 가족이라 해도 인공호흡기 정도는 껴줘야 진심이라는 무거운 주제가 오고간다.

가족도 그런데 사회에서 만난 사람들과의 소통은 오죽할까. 우리는 가족보다 더 많은 시간을 사회에서 만나는 사람들과 보낸다. 만일 그들과의 소통이 매우 심히 어렵고 불편하다면 우리의 삶의 질은 곤두박질치게 될 것이다.

이 책은 주로 사회적인 소통의 이야기를 담았다. 사회적인 감성 소통에 대한 이야기이다. '감성 소통'이란 '이성 소통'과 대비되는 개념이라 생각하면 이해하기 편하다. 이성 소통이 논리성, 옳고 그름에 기반한 소통이라면, 감성 소통은 공감능력과 유연성, 상대의 감정 변화에 보폭을 맞추는 소통이다. 공감의 시대에 갖추어야 하는, 감성지능을 기반으로 하는 중요한 소통 능력이다.

이 책의 목표는 우리가 난이도 '상중하' 중에서 '중'에 해당하는 수준의 감성 소통 능력을 갖게 되는 것이다. '상식 좀 지킵시다'라고 흔히 말한다. 누군가는 '더도 말고 중간만 해라' 하고 조언한다. 책 속에는 모두가 원하는 바로 그 '상식'의 교집합 안으로 들어가서, '중간만 해라'를 실천할 수 있는 에피소드들을 담았다. 사회에서는 다양한 성장배경을 가진 사람들이 얽혀 지낸다. 배경과 사고방식이 모두 다르다. 그렇게 다른 타인과 만나 사는 동안 타인이 나의 지옥이 되지 않고 나 역시 타인에게 지옥이 되지 않기 위한 최소한의 소통 기술을 담은 책이라 여겨주시면 좋겠다.

사회적인 소통은 진심보다는 스킬이 중요하다. 좀 더 냉정하게 말하면 사회적인 소통에서 진심은 꺼내 전달하지 않는 한 아무런 능력이 없다. 즉, 전달력과 표현력이 없다면 우리는 오해덩어리가 될 것이다. 사회적인 소통의 역량을 기른다는 것은 내가 어떤 식의 표현방식을 가지고 살든지 누군가 먼저 나에게로 다가와 진심을 알아주길 기대하는 것이 아니라, 배우고 노력하고 자신을 연구해서 상대에게로 나아가는 표현의 방식들을 찾아가는 것을 의미한다.

뿌린 대로 거둔다는 말이 있다. 관계는 정말 그렇다. 뿌린 대로 거둔다. 무엇을 어떤 방식으로 뿌릴지는 오롯이 당신의 몫이다. 삶은 시간을 통해 언젠가 당신이 뿌린 것들을 당신에게 되돌려줄 것이다. 이 책이 당신이 관계에서 뿌릴 좋은 씨앗들의 샘플이 되면 좋겠다.

2019년 12월
김지윤

당신은 나의 첫! –표현 소통

이렇게 다른 우리, 괜찮을까? -관계회복 소통

우리는 한 배를 탄 사람 –공감 소통

가까이 하기엔 너무 먼 당신

갈 등 해 결

소 통

일이 잘 되기 위해서는 '함께'가 중요한 만큼

'홀로'도 중요하다.

본인이 생각했을 때 좋지 않은 기류, 불편한 기류라 판단되면

그 흐름에서 빠져나와 독야청청하는 걸 두려워하지 마라.

참고, 참고, 참다가

"인간은 사회적 동물이다."

기말고사 때 주관식으로 나올까 봐 교과서에 줄 치면서 외웠던 말. 그 땐 이 말의 의미가 이토록 심오한 것인 줄 몰랐다. 사회적으로 살아가야 하는 존재인 인간은 얼마나 피곤한가. 그런데 피곤하다 하여 인간사 부대낌의 고단함을 초월하고자 히키코모리로 살아간다면, 그것은 또 얼마나 쓸쓸한 일인가. 결국 인간이 인간으로서 건강하고 아름답게 살아가기 위해서는, 사회적으로 소통하고 적응하는 것 외에는 답이 없으니 이는 또 얼마나 어려운가.

그리하여 사회적으로 공존하며 원하든 원하지 않든 무수한 관계를 맺어야 하는 우리에게 숙명적으로 달려오는 것이 있으니, 바로 '갈등'이다. 깊고 무거운 것부터 소소한 것까지, 말하자니 일이 너무 커지는 것 같고 말을 안 하자니 속이 터지는, 그런 갈등들이 인생사를 참으로 피곤하게 한다.

- 자기가 쓴 컵을 안 씻고 그냥 퇴근하는 직원들. 먹는 사람 따로, 뒷정리하는 사람 따로인 상황이 가져다주는 분노와 억울함.
- '어제 점심시간에 간만에 수다를 떨었는데, 집에 가다 생각해보니 김 대리님이 기분 나빴을 것 같아. 오늘 표정도 안 좋은 것 같고… 근데 괜히 말 꺼냈다가 분위기 더 이상해지면 …?' 이런 망설임.
- 한 장 두 장… 포스트잇을 빌려가더니 아예 가져다주지 않는 동료에 대한 알미움.
- 거래처 이메일 주소를 잘못 알려줘서 누군가 두 번 일하게 만든 무안함과 미안함.
- 언제나 급한 일이 생겨 에브리데이 칼퇴하는 후배.

  등등등….

소소한 갈등들은 비일비재하고, 이러한 갈등들이 쌓이면 우리의 마음과 관계는 부정적으로 변할 수밖에 없다. 소소한 갈등은 눈덩이가 되어 굴러와 우리의 정신 건강과 관계를 후려갈기기도 한다.

표현하지 않는 갈등은 갈등이 아니야

그렇다면 이런 비극적 결말을 맞이하지 않기 위해 어떻게 해야 할까?

방법은 하나, 시기적절하게 갈등을 표현하는 것이다. 인간의 심리는 참으로 신비로워서 긍정적인 마음과 부정적인 감정을 느끼는 통로가 하나이다. 부정적인 감정을 잘 풀어내지 못하고 담아두면, 혈관 벽에 노폐물이 쌓여 심장 질환이 생기듯 마음에도 질환이 생긴다. 부정적인 감정들이 밖으로 나가지 못하고 막혀 있으면 좋은 감정들이 들어올 자리가 없어진다. 애인과 크게 싸우고 나면 내가 이 사람과 정말 사랑을 하긴 했나 싶은 마음이 든다. 부정적인 감정이 순환되거나 흘러가질 않으니, 감정의 통로가 막혀 정서적 순환장애가 온다. 느낌 없음. 크게 좋은 것 없음. 크게 슬픈 것 없음. 그냥 무력함. 우울함. 공감 능력 떨어짐…. 꽃이 만발한 봄의 아름다움도 화이트 크리스마스도 다 부질없고 감흥 없는 건조한 인생사가 되고 만다.

그러니 사람은 말을 꼭 하고 살아야 한다. 말을 해야 산다. 말을 할 수 없는 사람들이 말을 하기 시작할 때 회복이 된다. 그래서 상담가들이 하는 중요한 일 중 하나는 사람들의 이야기를 듣고 공감해주는 것이다. 사람들이 그들 마음 안에 있는 이야기를 꺼낼 수 있도록 돕는다.

당신도 당신의 이야기들을 차례차례 잘 꺼낼 수 있다면 훨씬 살 만할 것이다. 정말 꼴도 보기 싫은 상사의 면전에 대고 "문제는 내가 아니야. 너라고! 너만 잘하면 된다고 이 자식아"라고 말할 수는 없지만 강약 조절을 통해, 은유와 비유를 통해, 유머를 통해, 당신의 부정적인 마음을 표현해서 당신의 마음이 쉴 틈을 주라는 것이다. 면전에는 못하니 뒤통수에 대고 소심하게라도 "이 자식아, 네가 문제야"라고 입만 벙긋거리며 말해주거나, 상사가 화장실 안에서 휴지를 찾을 때 화장실에 아무도 없는 것처럼 조용히 나와버리거나, 식당에서 구두 한 짝을 살짝 멀리 떨어뜨려봐라. 상대에 대한 일종의 소심한 복수이다. 이렇게라도 감정을 표현하면 정신 건강에 도움이 될 수 있다. (이 방법은 애교 있을 정도만 써야지 반복적으로 또는 수위를 높여 사용하는 것은 권장하지 않는다.)

부정적 기류 공론화하기

구체적으로 들어가보자. 결국 누군가와의 관계에서 답답한 기류, 부정적인 갈등을 날리는 방법 중 하나는 '부정적인 기류를 공론화'하는 것이다.

한 여인이 소개팅을 했다. 소개팅 장소는 '도로'였다. 지인의 소개로 만난 그들은 특정 공간을 약속 장소로 잡지 않고 특이하게 '길팅'을 한 것이다. 남자는 굳이 여자의 회사 앞으로 가겠다고 했고, 회사 앞 도로에서 그들은 첫 만남을 가졌다. 마침 퇴근 시간이라 붐비는 대로에서 남자는 차에서 내리지 못했고, 007작전 수행하듯 전화로 차의 색깔과 번호를 가르쳐주며 여인을 차에 태웠다.
그리고 퇴근길 드라이브로 소개팅은 시작되었다. 남자의 매너는 좋았고, 차 안에서 흘러나오는 음악도 좋았고, 목적지까지 가는 동안 나누었던 50여 분의 대화도 유쾌하고 긍정적이고 재미있었다. 게다가 남자의 옆모습은 잘생겼고, 운전을 주도하는 그의 팔뚝마저 지적으로 보였다. 그래서 여자는

생각했단다. '빙고! 바로 이 남자야. 이것이 내 인생의 마지막 소개팅이야.'

그런 것이다, 여자의 마음이란. 또 그렇게 쉽게 활짝 열리기도 하는 것이다. 때로 여자들은 자기 확신이 견고해지면 세상 그 누구도 그들의 추진력을 따라올 수 없다. 소개팅이 끝나고 돌아오는 길에 신혼여행지를 검색하거나 그때 입을 옷을 고르기도 한다.

어쨌든 여자는 남자가 매우 화끈하게 마음에 들었다. 그녀가 그를 마음으로 받아들이는 사이 남자와 여자는 목적지에 도착했다. 그리고 그곳에서 문제는 발생했다. 처음부터 앉아 있었던 남자, 앉아 있을 땐 멋졌던 그 남자, 앉아 있을 땐 유쾌했던 그 남자, 앉아 있을 땐 차를 후진시킬 때도 섹시했던 그 남자가 차에서 내리고 만 것이다. 차에서 내리고야 만 그 남자는 땅과 가까운 남자였다. 하늘과 가까운 남자가 이상형이었던 여자는 당황했다. '망했다.' 그녀는 그 말이 마음에서 흘러나왔다. 50분간 붕 떠올랐던 그녀의 로맨틱한 사랑의 꿈이 '조금 모자란 기럭지' 앞에서 산산조각 났다.

네 생각을 내가 말로 해주마

이 이야기에서 당신은 남자와 여자 둘 중 누가 더 안쓰러운가. 난 당연히 여자가 안쓰럽다. 단지 키 때문에 기타 다섯 가지의 긍정적인 요소를 외면하다니. 도대체 뼈가 뭐라고. 그렇지 않은가. 보통의 결혼생활이란 다 좌식생활이다. 밥도 앉아서 먹고 잠도 누워서 자고 TV도 앉아서 본다. 배우자의 키를 가늠할 장면이 생각보다 별로 없고 무뎌진다.

결혼식이 좀 문제지만 웨딩업체에서 일하는 분들은 진정한 프로이다. 어떻게 해서든 키를 맞추어주신다. 친구의 결혼식이나 마트에서도 물론 배우자의 키가 신경 쓰일 수 있는데, 그럼 뭐 잠깐 따로 다니면 된다. 그러니 이러한 순간에 봉착한 땅과 가까운 남자들에게 제발 부탁한다. 키 때문에 마음까지 작아지지 말고 당차게 여자의 마음을 휘감아주기를 바란다. 〈바람과 함께 사라지다〉의 포스터 속 클라크 게이블처럼 말이다.

자, 그럼 남자는 어떻게 이 얼어가고 있는 여자의 마음을 휘감을 수 있을 것인가. 방법은 부정적인 기류를 공론화하는 것이다. 너의 마음속의 생각을 내가 입 밖으로 내주는 것이다.

아마 이 키작남은 자신의 키에 여자가 당황했다는 것을 당연히 눈치챘을 것이다. 그런 경험이 어디 한두 번이었을까. 그럼 이때 남자가 아무 일 없다는 듯이 여자의 기류는 무시하고 "식사하러 가시죠" 하고 그냥 밥을 먹으러 가면 어떻게 될까. 그 밥은 그냥 돌이다. 돌을 먹는 거다. 돌을 씹은 소개팅은 망하는 것이 당연하다.

하지만 남자가 위트 있는 말투로 이렇게 훅 들어가면 어떨까?

"깜짝 놀라셨죠? 제가 많이 작죠? 아오, 저는 아직도 깜짝 깜짝 놀라요."

여자는 이래저래 당황해서 딱히 무어라 대답을 하지는 못하지만 적어도 좀 전의 부정적인 감정은 소멸된다. 그리고 이런 생각이 들겠지

'뭐야. 이 근거 없는 자신감은? 정신 똑바로 차려야지. 이런 것에 홀리지 말자.'

그렇게 3라운드는 시작된다.

키작남들에 이어 괴로움을 당하는 탈모가 많이 진행된 남자들. 비주얼은 50대인데 주민등록증 나이는 30대라는 믿을 수 없는 사실을 간직한 채 살아가는 남자들도 마찬가지다. 소개팅에 나가면 여자들이 머리만 쳐다본다. 맞다. 그건 부인하지 않겠다. 머리를 자꾸 보게 된다. 그게 어쩔 수 없는 1라운드이다. 그런데 대부분의 남자들이 1라운드에서 KO패를 당한다. 밀리지 않으려면 여자가 나를 바라보는 그 부정적인 기류를 공론화해야 한다.

"제 머리가 많이 밝죠? 마음은 더 밝아요."

자신감이란 자고로 근거가 없어야 제맛이다. 이렇게 부정적인 느낌을 공론화하는 것으로 2라운드는 시작된다.

솔직하게 이야기하자면

인간관계에서 생기는 소소한 부정적인 감정, 기류, 갈등들은 입 밖으로 내고 표현하는 것으로 꽤 많이 해소된다.

어제 있었던 회의에서 내 말이 좀 심했다고 느껴진다면 덮지 말자. 다음날 커피 한 잔 뽑아들고 가서 "어제 기분 나빴지? 집에 가서 생각해보니 내가 실수한 것 같아. 미안해"라고 끄집어내보자. 당신이 얼마나 고민을 했는지 브리핑하는 것이 중요하다.

어느 기업의 임원진을 대상으로 강의를 한 적이 있다. 인원도 많지 않았고, 거의 50대 남성들이 참석해서 나는 청심환을 먹어야 할 정도로 긴장을 하고 있었다. 강의 전반부가 끝나고 쉬는 시간이 되었는데, 한 분이 질문이 있다며 진솔하게 말을 걸어왔다. 그 기업은 여성 인력이 거의 없는 직업군이었는데, 2000년대에 들어서면서 여성 인력들이 많이 들어오기 시작했다는 것이다. 입사하고 20년이 넘도록 여자들과 부대낄 일이 없다가 이제 와서 여성들과 소통해야 할 일이 많아지니 너무 어렵다고 하셨다. 한번은 여성 직원이 무언가 일처리를 잘못했는데 지적하면 토라질 것 같아서 그냥 넘어갔더니 "남직원에게는 일을 가르쳐주고 여자들에게는 안 가르쳐주시는 거냐"라며 공식적으로 항의를 하더란다. 자신은 어떻게 말을 해야 할지 몰라서 말을 안 했는데 그게 큰 오해가 되었다고, 어떻게 하면 좋겠냐 물으셨다.

그래서 나는 그분에게 방금 이야기한 것을 그대로 그 여직원에게 전하라고 말씀드렸다. "어떻게 말을 해야 할지 모르겠다. 내가 여직원과 일한 적이 많지 않아서 좀 서툴렀다. 지적하면 기분 나빠할 것 같아서 편하게 얘기하지 못했다"라고 말이다. 머릿속을 떠도는 그 말을 상대에게 있는 그대로 전하는 것만으로도 대화가 되고, 오해는 풀릴 수 있다.

여자친구와의 갈등, 남편과의 갈등을 가진 분들도 내게 참 많은 이메

일을 보내온다. 그간의 상황을 이메일로 정말 잘 풀어내시는 분들이 많다. 언제 어디서 어떻게 왜 상대와 갈등을 겪게 되었는지, 어떤 점이 분노의 포인트인지, 지금 자기의 마음이 어떤지, 정말 훌륭하게 표현된 내용들이 많다. 나는 그런 이메일을 읽을 때, 가끔 메일 그대로, 당사자의 남자친구나 아내에게 전달해주고 싶을 때가 있다. 나에게 이야기하듯이 자신의 부정적인 감정과 심사를 상대에게 털어놓는다면 세상에 숱하게 많은, 엄청나게 꼬인 매듭이 잘 풀릴 것만 같은 생각이 든다.

내 안에 있는 이 애매모호한 상태, 답이 없는 상태, 그 자체를 스스로 꺼내 화두로 삼는 것은 갈등을 풀기 위한 대화의 해법이다. "내가 어떻게 해야 할지 모르겠다"라고 말해주는 것은 너를 지적하지 않겠다는 뜻이고 너를 공격하지 않는다는 뜻이며 너와 나는 지금 같은 상황과 처지라는 것을 표현하는 것이다.

부정적인 기류든 감정이든 그것은 공론화하고 입 밖으로 낼 때에만 긍정적으로 선회할 수 있다. 부정과 긍정의 감정이 한 곳을 통해 흐른다는 사실을 잊지 말자.

'진심 소통'을 위한 팁

직장에서

• 누군가와 갈등이 생겼다고 느끼면 당신이 선택하는 방법은 무엇인가?
  (예: 회피, 담아놓기, 공격하기, 뒷담화하기 등) 한번 글로 써보라.
• 인간의 마음은 긍정과 부정이 한 통로로 흐른다는 것을 기억하라.
• 부정적인 기류를 날리는 방법은 공론화하는 것이다.
• 말하라, 그래야 당신이 산다.

가까운 이에게

• 누군가에게 깊이 섭섭했거나 억울한 마음이 들었을 때, 세련되게 표현
  할 수 있는 방법을 찾아보자.
• 무게 있는 부정적인 기류와 감정을 문자메시지로 전달하는 것은 금물
  이다. 문자메시지는 상당한 오해의 소지를 남긴다. 상대의 눈을 관찰
  할 수가 없기 때문이다. 부정적인 기류의 공론화는 찰나의 소통 예술
  로서 치고 빠지는 스피드가 중요하므로, 상대의 눈을 관찰할 수 있을
  때 효과적이다.

적절한 쉼과 놀이는
일에 대한 열정과 의미를 찾을 수 있는 힘을 준다.
당신의 머리 가슴 몸 모두가 쉬어야 하고,
당신이 리더라면 당신의 후배들을
적절하게 쉬고 놀 수 있도록 도와야 한다.

슬럼프가 주는 신호

나는 잘 놀 줄 모른다. 어렸을 때는 동네 친구들과 소꿉장난 같은 것을 하면서 놀았는데, 키가 크지 않아 또래보다 훨씬 작은 체구가 되자 놀이를 점점 꺼리게 되었다. 다방구를 하면 술래가 되었고 고무줄놀이를 할 땐 너무 고되었다. 친구의 손에는 편하게 닿는 까만 고무줄을 나는 펄쩍 펄쩍 뛰어야만 잡을 수 있었던 것이다.

그리고 그 선택은 내 인생의 상당한 마이너스가 되었다. 일에서 받는 스트레스를 확, 아주 확 풀어버려야 하는데, 찔끔찔끔 풀다 보니 우울감과 무력감, 슬럼프에 빠지면 나오는 데 시간이 많이 걸렸다.

슬럼프가 오는 데는 여러 가지 이유가 있을 것이다. 보통 한 곳에서 일을 한 지 4년쯤 되면 슬럼프가 시작된다고 한다. 반복되는 매너리즘이 슬럼프의 시작이다. 또 일을 하느라 몸 상태가 나빠질 때도 슬럼프는 찾아온다. 만성피로에 시달리면 슬럼프가 찾아온다. 또 우리 마음의 두려움을 자극하는 일이나 성과에 대한 압박에 시달릴 때도 슬럼프는 찾아온다. 과도하게 스트레스를 주는 관계가 생길 때도 찾아온다. 회의를 느끼고 의미를 발견하지 못하고, 일은 어느 정도 손에 익으나 그리 잘되는 것은 아니고, 체력은 떨어지고, 그날이 그날일 때, 앞날의 희망이 보이지 않을 때, 우리는 슬럼프에 빠진다.

우울증이 주는 메시지, 쉼

"당신은 너무 과하게 많은 것들을 감당하면서, 그걸 다 이겨내려 애쓰고 있군요. 힘든 지 오래 됐는데 스스로 쉴 수 없으니 제가 쉬도록 만들 수밖에는 없겠어요. 이제부터 몸과 마음의 힘을 쭉 빼드릴게요. 자, 이제 슬슬 무력함이 느껴지실 거예요."

이렇게 마음이 주는 메시지로 슬럼프는 시작된다. 슬럼프는 새로운 삶에 대한 또 다른 갈망이다. 지금 이 상태로는 안 된다는, 삶에 대한 강한 의지인 것이다. 그러니 슬럼프에 빠졌다면 일단 시간 나는 대로 놀고, 먹고, 자고, 쉬어야 한다.

'이대로는 안 돼. 발전이 없어' 하고 영어 학원을 등록하거나, '자기계발을 멈추면 도태 돼' 하며 책을 마구 구입해서 자신을 채찍질하며 독서하는 것은 슬럼프를 빠져나오는 데 도움이 안 된다. 자신을 그저 쉬도록 풀어줘야 한다.

우울과 무력이 주를 이루는 슬럼프는 당신이 그간 너무 열심히 달려왔다는 사인이다. 그러므로 슬럼프의 극복은 근본적으로 멈추고 쉬어주는 데 있다. 놀아야 한다. 하지만 목구멍이 포도청인데 어떻게 놀 수가 있나. 그래도 기회되는 대로, 의지적으로, 짬짬이 놀아야 한다.

나는 맛있는 것을 아끼지 않고 사 먹는 편이고, 멍 때리고 쉬는 것엔 후한 편인데 노는 것을 잘 못해서 슬럼프를 극복하는 데 시간이 많이 걸렸다. 머리와 감정과 몸을 다 같이 놀게 해주고 쉬게 해줘야 슬럼프가 지나가는데, 나는 몸을 즐겁게 놀리는 것에 약하다. 기차를 타고 여행을 간다거나, 등산을 하는 일엔 젬병이다.

얼마 전 슬럼프를 극복하는 데 몸의 놀이가 얼마나 중요한지 깨닫게 된 순간이 있었다. 일주일간 지방 출장이 있었다. 아들이 방학 중이어서 결국 출장 중 3일은 아이가 동행했다. 아이는 캐리어 한가득 장난감을 채워 나를 따라 나섰고, 우리의 모험은 시작되었다. 아이는 고맙게도 투정 부리지 않고 사흘간의 일정을 잘 따라주었다. 그리고 출장의 마지막 날 오후, 모든 일정이 끝난 나는 아이와 놀이동산에 가기로 결정했다. 집에 있을 때도 바빠서 못 갔던 놀이동산을 출장 중에 아이와 가는 기이한 일을 경험한 것이다.

결론은, 너무 재미있었다. 아이가 어리기 때문에 세 가지 종류의 놀이기구는 부모가 동반을 해야 했다. 15년 만에 놀이기구를 탄 것 같다. 특히 재미있었던 것은 우주 전투기였다. 너무 오랜만에 놀이기구를 타서 그런지 나는 솔직히 무서웠다. 그런데 아이는 깔깔거리며 재밌어 했다.

겁도 없이.

결국 너무 재미있어 하는 아이 때문에 나는 우주전투기를 한 번 더 타게 되었다. 처음에는 무섭더니 두 번째 타니 제법 재미가 느껴졌다. 그리고 바람을 가르며 하늘 위에 떠 있으려니 마침내 신이 나는 것이 아닌가. 얼굴에 와닿는 바람이 너무 시원했고 멀리 보이는 산의 풍경도 아름다웠다. 그리고 그때 머릿속에서 한 문장이 톡하고 떠올랐다.

'인생 뭐 있어?'

나는 웃었다. '인생 뭐 있어?' 이런 순간들이 얼마나 소중하고 즐거운지 정말 새삼스럽게 깨달은 것이다. 그리고 그날 저녁은 다이어트고 뭐고, 배가 터질 때까지 먹고 TV도 실컷 보다가 기절하듯 잠이 들었다. 아이는 다음날 "엄마랑 나는 우주에 같이 다녀온 사이"라며 매우 특별한 동료로 나를 인정해주었다.

우주에 다녀와서 그런지 지구에서의 걱정이 조금 줄어들고 대범한 마음이 생겼다. 그저 사자를 보고, 곰을 보고, 놀이기구를 타고 놀았을 뿐 상황은 바뀌지 않았는데 힘이 생긴 것이다.

글랜 브런스타인 박사는 〈허핑턴포스트〉와의 인터뷰에서 이렇게 말했다고 한다.

휴가는 창의성을 불러일으킨다. 또 문제 해결에 새로운 관점을 부여하고 관계를 돈독하게 만들며 생산성까지 높여준다. 나아가서 당신의 목숨을 살릴 수도 있다.

적절한 쉼과 놀이는 일에 대한 열정과 의미를 찾을 수 있는 힘을 준다. 당신의 머리 가슴 몸 모두가 쉬어야 하고, 당신이 리더라면 당신의 후배들을 적절하게 쉬고 놀 수 있도록 도와야 한다. 나는 이번에 우주전투기를 타면서 깊이 깨달았다. 내가 지구에서의 임무를 잘 마치려면 우주에 종종 다녀와야 한다는 것을.

놀고 먹고 자라는 신호

남녀 관계도 슬럼프를 무시할 수 없다.
나에게 이런 사연이 온 적이 있다.

두 살 된 아이를 둔 부부입니다. 최근에 부부 사이가 부쩍 안 좋아졌어요. 맞벌이를 해서 둘 다 지쳐 있는 상태로 집으로 돌아오면, 쉬지 못하고 또 육아를 해야 하죠. 정작 우리 둘은 점점 대화도 없어지고 서로에 대한 불만도 쌓여갔어요. 남편은 야근이 점점 더 많아지고, 주말엔 피곤함에 찌들어 잠만 잡니다. 저도 한 달에 보름은 몸살기를 달고 살아요. 가뜩이나 힘든데, 무엇보다 남편과의 사이가 점점 더 멀어지는 것 같아 두렵습니다.

물론 한 통의 메일로 온 사연이라 그분들의 상황을 정확히 가늠할 수는 없었지만, 부부가 특수한 상황에 놓여 있는 것은 분명했다. '조부모의 도움 없이 두 살짜리 아이를 키우는 맞벌이 부부'는 특수한 상황이다. 추측건대 아마도 그들의 생활은 엉망진창일 것이다. 집도 제대로 정리가 안 되어 있을 것이고 한 빨래, 해야 할 빨래, 갠 빨래가 뒤엉켜 있을 것이다. 반찬 또한 아이 중심일 것이므로 부부는 변변하게 챙겨 먹지도 못할 것이다. 잠도 제대로 못 자는 것은 말할 필요도 없다.

인간이 정돈되지 않은 환경에서 잘 먹지도 못하고, 잘 자지도 못하는데 사랑이 웬 말인가. 하지만 대부분의 맞벌이 부부가 이 현실을 살고 있다. 많은 연인들이 사랑해서 결혼했고, 그 사랑을 영원히 지키고 싶지만 결혼 후 대개 이런 현실을 경험한다.

이 부부의 회복에는 왕도가 없다. 일단 잠을 원 없이 자고 좋은 음식을 먹고 쉬지 않으면, 이런 피로는 아이가 성장할 때까지 줄어들지 않고 그 사이 부부 사이는 꽤 멀어진다.

맞벌이 부부는 주말에 번갈아가면서 아이를 보며 밀린 잠을 자야 한다. 가장 어리석은 것이 둘 다 어쩔 줄 몰라 하며 아이에게 붙어 있는 것이다. 오전은 남편이 푹 자고, 이른 오후에는 아내가 밀린 잠을 자고, 늦은 오후에는 밀린 집안일을 번갈아가면서 하고, 저녁엔 무조건 맛있는 것을 먹으면서 쉬는 것이다. 주말에는 외식을 하거나 시켜 먹으며 최대한 에너지를 축적하고 스트레스를 풀어야 한다. 주말에는 서로가 재충전할 수 있는 시간을 전략적으로 확보해야 한다. 주말마다 시댁에 가는 맞벌이 여성들은 이 부분에서 재충전의 시간이 확보되지 않기 때문에 폭발하고야 마는 것이다. 3년차 부부 관계의 슬럼프. 쉬고 자고 먹어야

답이 나온다.

많은 이들이 슬럼프를 겪는다. 나도 겪고 내 친구들도 겪고, 가족도 겪는다. 슬럼프는 놀고 먹고 자라는 신호이다. 일을 때려치우고 놀 수는 없지만 시간 나는 대로 야금야금 놀자. 그래야 산다.

'진심 소통'을 위한 팁

- 당신은 그동안 어떻게 슬럼프를 극복해왔나?
- 머리, 가슴, 몸이 즐겁게 쉬고 놀 수 있는 방법을 찾는 것은 슬럼프 극복을 위해 할 아주 중요한 일이다.
- 슬럼프는 '이제 쉼을 주라'는 영혼과 몸의 신호이다.
- 남녀 관계의 심각한 문제도 잘 먹고, 잘 놀고, 잘 자고 난 뒤 다시 얘기하면, 문제는 한결 긍정적으로 해결될 가능성이 많다.

뒷담화는 너의 힘?

"발 없는 말이 천 리 가고, 말 많은 집 장맛은 쓰다"고 했다. 많은 이들의 삶의 경험에서 나온 이런 말들에 나는 무릎을 칠 때가 한두 번이 아니다. 그리고 무엇보다 사회생활을 하면서 말의 무서움과 중요성을 많이 느낀다.

화장실에서 들은 내 이야기

스물아홉 살에 여행을 간 적이 있다. 돈 많고 시간 많아 간 것은 아니었고, 그때 1년여 암 투병을 하시던 엄마가 돌아가셨고, 나는 그간의 병간호로 인한 심신의 피로와 이별의 아픔을 견디기 위해 무작정 비행기를 탔다. 그리고 그곳에서 많은 경험을 했는데 그중 가장 인상적이었던 것은 유럽에서 몇몇 한국인 친구들을 만난 일이었다. 짧은 여행이 아니라 장기 배낭여행이다 보니 직장인들보다는 대학생들이 많았다. 여행다운 여행을 하는 친구들도 많았지만, 일부는 명품 구입에 상당한 에너지와 자금을 투자했다. 대학생인 그들이 스스로 벌었다고 보기에는 너무나도 큰 돈을 가지고, 가방과 화장품과 신발을 샀다. 부모님의 덕을 과하게 보고 사는 그들이 솔직히 부럽지 않았다면 거짓말일 거다. 하지만 그 친구들과 함께 다니면서 나는 좋은 점보다 마음에 들지 않는 점을 더 많이 발견하게 되었다. 남이 가방을 사거나 말거나 웬 오지랖이냐 싶으면서도 왜 그렇게 불편했던지. 하지만 티는 낼 수 없고, 그렇게 한 달을 포커페이스로 잘 지냈는데, 일은 마지막 날에 일어나고 말았다. 공항에 도착했는데 그 친구들이 삼삼오오 모여 앉아 세관을 어떻게 통과할지 걱정하고 있었다. 그리고 급기야 한 친구가 나에게 말했다.

"언니, 세관 때문에 그러는데요. 제 가방 하나만 대신 들고 입국장에 들어가주세요."

그때, 나는 더 이상 참을 수 없었다.

'뭐라구? 나한테 가… 가방을 들라고?'

그 순간 나는 참았던 말이 그만 입 밖으로 나오고야 말았다.

"세관이 걱정이 되면 명품을 사지 말아야지. 아니면 당당히 들고 들어가 세금을 물든지. 그래야 대한민국의 미래가 밝지 않겠니?"

더 유연하게 말할 수 있었을 텐데, 어머니가 돌아가신 직후여서 마음이 좋지 않은 상태라 그런지, 나는 쏘아붙이고 말았다. 분위기는 싸늘해졌다. 그리고 30여 분 후 나는 화장실에 갔다. 공항의 화장실은 30칸은 되어 보일 정도로 엄청나게 컸다. 나는 아무 칸이나 들어갔는데, 인생은 꽤 드라마틱한 구석이 있다. 내 옆 칸과 그 옆 칸에 세관을 걱정하는 처자들이 들어가 있었던 것이다. 그녀들은 각각 볼일을 보면서 내 욕을 하고 있었다. 내용은 뭐 "재수 없다", "잘난 척한다" 이런 거였는데, 리얼하게 생방송으로 들으니 솔직히 열이 확 받았다.

열받은 가슴을 이고 지고 비행기에 올랐다. 그리고 자리를 찾아 앉았다. 인생은 때로 드라마보다 더 드라마 같다. 그 처자 중 한 명이 내 옆자리가 되었다. 앞으로의 비행 시간은 12시간. 나는 잠시 고민했다. 이제 내리면 안 볼 사이. 입을 열 것인가 말 것인가. 입을 열어버렸다.

"나, 너희들이 화장실에서 하는 얘기 들었어. 너희들이 기분 나쁜 것 당연한 거야. 내 말이 기분 나빴다면 미안해. 그리고 친구들끼리 뒷담화할 수 있는 거니까 뭐. 그런데 문제는 너희가 뒷담화를 들켰다는 거야. 너희들이 오늘 딱 재수가 없는 날인 거지. 나는 이 비행기에서 내리면 안 볼 사람이지만 앞으로 사회생활을 할 때는 조심해. 뒷담화하다 걸리면 골치 아프거든. 오늘이 너희에게 교훈의 날이 되길 바라."

그녀들에게 나는 진상에, 황당하고 재수 없는 '오지라퍼' 언니였으리라. 지금 돌아보면 가방은 대신 못 들어줘도 뭘 그리 날카롭게 쏘아 붙였나, 내심 후회가 되기도 한다. 어찌 되었건 나는 그날 이후로 절대 화장실에서 남의 이야기를 하지 않는다. 뒷담화라는 것이 어떤 식으로 상대의 귀에 들어갈지, 어떤 파장을 그리며 퍼져나가 다시 내 앞이마로 돌아올지 알 수 없기 때문이다. 그리고 뒷담화는 반드시 어떤 형태로든 새어나가게 되어 있다.

그 순간만 재미있는 독

뒷담화는 할 때는 재미있지만, 후폭풍이 만만치 않다. 어디를 가나 이야기꽃을 피우는 그룹은 존재하고, 그룹은 나뉜다. 그룹은 크게 두 가지인데 '남의 이야기'를 하는 그룹과 '나의 이야기'를 하는 그룹이다. 나의 이야기를 하다 보니 타인의 이야기가 잠시 등장하는 것과, 처음부터 타인의 희로애락과 연애사가 도마 위에 올라가는 것은 차원이 다르다. 누군가의 뒷담화를 하지 않으면 대화가 안 되는 사람들은 꼭 있기 마련이다.

뒷담화를 즐기는 그룹에는 들어가지 않는 것이 상책이다. 보통 뒷담화를 즐기는 그룹은 세력이 크다. 그래서 그 그룹에 들어가지 않으면 소외감을 느낀다. 그런데 소외감을 느낄 필요도 고립감의 위기를 느낄 필요도 전혀 없다. 왜냐하면 그들의 모임은 진실하지 않기 때문이다. 심지어 자기들끼리도 돌아가면서 누군가를 씹는다. 얼마나 우스꽝스러운 일인가.

뒷담화를 많이 하는 사람들은 기본적으로 자존감이 낮고, 비교의식과 열등감이 많다. 그런 그룹에 끼면 피곤한 일이 너무 많이 생긴다. '아'가 '어'가 되고 '가'가 '나'가 된다. 그들은 듣고 싶은 대로 듣고, 또 자기 편의대로 해석해 전달하는 경향이 있기 때문이다. 뒷담화에서 '사실을 왜곡하는 것'은 필수적이다.

하지만 너무 스트레스 받지는 말자. 나의 의도와 다르게 퍼져나간 일들에 억울해하지 말자. 뒷담화로 뭉쳐진 그들은 어차피 조직의 움직임에 따라 해산하게 되면, 바람에 나는 겨처럼 사라질, 힘없는 모임이기 때문이다.

혹시나, 그 집단에 들어가 함께 이야기를 하게 되거든 맞장구치는 실수를 하면 안 된다. 그냥 미소로 일관하거나 얼버무려야 한다. 혹시라도 누군가가 하는 욕에 당신이 맞장구를 치면, 언젠가 그 욕의 대상이 당신이 되는 어마어마한 일이 생길지도 모른다.

외롭지만 아름다운 말, My Way

나는 사회생활을 하면서 'My way'라는 단어를 많이 떠올리며 살아왔다. 살아갈 때 인간관계는 중요하다. 인맥이 가지는 힘이 실로 대단하니까 말이다. 하지만 좋은 관계의 결과로 견고한 인맥이 쌓이는 것과 인간관계에 휘둘리는 것은 다르다. 관계란 참으로 무서운 것이어서 휘둘리면 삶의 균형도, 마음의 균형도, 일의 균형도 깨진다.

일이 잘 되기 위해서는 '함께'가 중요한 만큼 '홀로'도 중요하다. 본인이 생각했을 때 좋지 않은 기류, 불편한 기류라 판단되면 그 흐름에서 빠져나와 독야청청하는 걸 두려워하지 말라. 아인슈타인이 그랬단다. "성공한 사람이 되려 하지 말고 가치 있는 사람이 되려 노력하라"고. 자신의 가치는 스스로 세워가는 것이다.

사람은 때로 야비해진다. 그리고 그런 그들을 바꾸는 것은 불가능하다. 그저 우리는 우리의 길을 가는 것이다. 남들은 야비해도, 나는 누군가에게 야비한 사람이 되지 않기를 바라고 다짐하는 것이다. 그래서 훗날 후배들에게 "선배는 일도 잘하지만 인간적이에요"라는, 돈은 안 될지라도 삶에서는 가치 있는 평가를 받는다면, 바로 그런 삶이 성공한 삶이 아닐까.

제 얼굴에 침 뱉기

남녀 관계에서도 그렇다. 애인, 아내, 남편, 장모, 시댁의 뒷담화를 습관적으로 일삼는 사람들, 정말 어쩌면 좋을까.

남녀 관계는 본인 대 본인으로 해결하는 것이 원칙이다. SNS에 상대방이 읽었으면 하는, 주어가 생략된 뒷담화들도 있다. 일방적으로 자기 입장을 호소하면서 편 만들기 작전으로 자녀들이나 직계가족들에게 배

44

우자 욕을 한다거나, 이미 헤어진 연인의 단점을 계속해서 안줏거리로 만드는 것도 주의해야 한다.

한 여성이 옛 남자친구의 뒷담화로 큰 상처를 받은 일이 있었다. 그 여성은 민낯에 대한 콤플렉스를 가지고 있었는데, 남자친구와 사귀고 시간이 흐르다 보니 민낯을 보여줄 수밖에 없는 상황들이 생겼고, 또 남자친구의 사랑을 믿었기에 민낯을 공개하기에 이르렀다. 민낯 공개 후에도 그들은 잘 만났다. 나중에야 다른 이유로 이별하게 되었는데, 그 남자가 이별 후 만나는 사람마다 여자의 민낯 욕을 하고 다녔다.

"야, 너 개 쌩얼 못 봤지? 장난 아니다."

뒷담화의 이야기는 친구의 친구를 타고 결국 그 여성의 귀에 들어가게 되었다. 원래도 스스로에게 자신이 없었던 여자는 마음에 큰 타격을 받았다.

뒷담화는 단순히 기분이나 감정의 차원을 넘어, 인간 자체에게 실망하게 만든다. 또한 당사자의 자존감마저 손상시키는 매우 안 좋은 소통법이다. 장담하건대 뒷담화를 일삼는 사람은 성공하기 어렵다. 사람들은 결코 바보가 아니기 때문이다. 그러니 때로는 이어폰을 끼고, 때로는 얼버무리면서 뒷담화의 무리에서 벗어나자. 그런 데서 소외감 느끼지 말자. 뒷담화에 끼지도, 뒷담화를 주도하지도 말자.

인간은 모두 소중하다.

누군가의 뒷담화로 난도질 당할 만큼 하찮은 사람은 단 한 명도 없다.

인간은 모두 소중하다.
누군가의 뒷담화로 난도질 당할 만큼
하찮은 사람은 단 한 명도 없다.

'진심 소통'을 위한 팁

- 당신은 '남의 이야기'를 잘하는 사람인가, '나의 이야기'를 잘하는 사람인가?
- 뒷담화를 은근히 즐기고 있다면 과감하게 접도록 하자. 뒷담화를 즐기는 것은 "나는 열등감이 많은 사람입니다" 광고하는 것과 같다.
- 뒷담화 그룹에서 빠져나오는 것은 소외되는 것이 아니다. 독야청청하는 것이다.
- 연인이나 배우자의 뒷담화를 주의하자. 사랑하는 사람의 한마디는 매우 치명적이다.

툭하면 화내는 당신이 무서워요

출근 한 지 5분이나 되었을까? "정신들 안 차려?" 소리를 빽 지르는 황 부장의 목소리가 들려온다. 또 시작이구나.

툭하면 화를 내는 사람, 아마 스스로도 욱하는 성질이 다분한 '화쟁이'라는 사실을 알고 있을 것이다. 그렇지만 자신의 '분노 아우라'가 얼마나 강하게 타인의 심장을 강타하는지, 그로 인해 다른 사람이 얼마나 큰 고통을 겪고 있는지는 잘 알지 못한다. 화를 낸 당사자들은 일단 본인의 화가 가라앉으면, 좀 무안하긴 해도 컨디션 자체는 괜찮아지기 때문에 다른 사람들도 함께 괜찮아진다고 생각한다. 화낸 사람이 컨디션을 회복하는 속도만큼 다른 사람들도 그 충격이 빨리 아물면 좋으련만 유감스럽게도 그러기는 쉽지 않다.

무심코 던진 돌에 개구리는 맞아 죽는다고 습관처럼 내뱉은 화는 누군가에게 화염이 되어 큰 고통과 상처를 남길 수 있다. 그리고 더 가슴 아픈 경우는 습관적으로 화내는 이가 상사일 때다. 목구멍이 포도청인지라 심리적으로 엄청난 충격과 모멸감을 느낀다 하더라도 어찌할 도리가 없이 그 시간을 견뎌야 하는 것이다.

날이면 날마다 짜증과 히스테리와 분노를 쏴대는 최 과장, 앞뒤 맥락 없이 일단 소리부터 지르고 보는 황 부장 등 반복되는 분노의 패턴을 형성하는 사람들은 같은 공간 안에 있는 사람들에게 심리적인 폭력을 휘두르고 있다. 아침마다 "출근했니? 일단 한 대 맞고 시작하자. 퍽!" 하는 것과 다를 바 없다.

우리 사회는 이렇게 개념 없이 화를 내는 사람과 화내는 이에게 위축되는 사람이 뒤엉켜 산다. 가장 비극적인 조합은 화를 두려워하는 사람이 개념 없이 화내는 사람을 상사로 맞게 되는 경우와, 화를 두려워하는 사람이 습관적으로 화내는 사람을 배우자로 선택하게 된 경우라 할 수 있겠다.

그렇다면 어떤 이는 왜 개념 없이 화를 내는 캐릭터가 되었을까. 이유와 원인이야 여러 가지가 있겠지만 그중 한 가지 중요한 단서가 될 수 있는 이야기를 해보려 한다.

감정의 약함을 드러내는 사람

어린 시절에 봤던 드라마에 종종 나오던 장면 중 하나는 '밥상 뒤엎는 아버지'였다.

"에라이, 이놈의 집구석, 들어올 맛이 나야 말이지"라며 별것도 아닌 일로 부지불식간에 분노에 찬 대사를 날리며 상을 뒤엎는 아버지. 나에 겐 참 무서운 장면이었고, 냅다 허망하게 엎어진 상을 보며 누가 치우나 걱정도 많이 했다. 내가 만나왔던 사람들만 그런 건지 모르겠으나, 가까이 있는 사람들과 어린 시절 이야기를 나누다 보면, 상을 뒤엎던 아버지, 한잔 하고 들어오시는 날엔 집안을 겨울왕국으로 만드는 엘사 같은 아버지에 대한 비극적 추억을 가진 이들이 심심치 않게 있었다.

그리고 이런 기억들이 고스란히 마음에 남아 있는 사람들은 아버지처럼 화내는 사람이 되기도 하고, 화내는 이에게 위축되는 사람으로 성장하기도 한다. 그리고 이 둘은 자신의 감정을 적절하게 표현하거나 받아들이지 못한다는 공통점이 있다.

툭하면 상을 뒤엎는 아버지와 살다 보면 점차 감정표현을 하기 어려워진다. 감정은 상호교류, 관계를 통해 여러 가지로 표현되는 것인데 주요 양육자였던 아버지에게 배운 감정이 단편적이었으므로 성장 과정에서 다양한 감정에 대한 배움이 결여된다.

"아빠가 오늘은 조금 우울해서 말이 하기 싫구나."

"아빠가 좀 수치스러운 일이 있어서 술을 마셨어."

"아빠 친구가 갑자기 죽었어. 상실감이 들고 이유를 알 수 없는 분노가 끓어."

"아빠가 좀 외로워. 그리고 언제까지 돈을 벌 수 있을지 두려워."

라고 아버지들은 자신들의 감정을 말하지 않았고,

"아들, 오늘 좀 시무룩해 보인다. 학교에서 슬픈 일이나 화나는 일 있었어?"
"딸, 어제 아빠가 화냈을 때 많이 속상했어?"

라고 우리에게 감정을 묻지도 않았다. 이러한 개인의 역사로 인해 우리는 여러 가지 감정을 배우기 어려웠고, 또 적절하게 표현하는 건 더욱더 어려워졌다.

분노는 억압된 감정들의 용솟음이다. 분노하는 자는 결국 감정적 약자인 것이다. 남성들을 대상으로 감정 억압에 대해 연구한 것이 있어서 인용해본다.

실험대상자들은 감정 억압의 발단 계기로 대부분 아버지에 대한 기억을 떠올렸다. 아버지는 아들에게 남자의 상징이다. 그런 아버지가 감정을 억압하고 감정을 억누르도록 강요했던 기억, 늘 술에 취해서 가족에게 횡포 부리던 기억, 가장으로서 책임과 의무를 다하지 못하던 아버지에 대한 실망감과 분노, 반감, 원망 등이 큰 불만으로 쌓였지만, 그걸 아버지에게 표현할 수 없을 정도로 감정의 억눌림이 있었다.
_〈EBS 다큐프라임〉, '내 남자의 사생활'

이처럼 많은 사람들이 감정에 대해 억눌려 있고, 한국 사회는 조직,

체면, 생계 등의 여러 가지 이유로 감정표현이 더더욱 어려운 사회가 되어가고 있다. 초기 감정을 스스로 해석하거나 통제하기 어려워 분노와 같이 왜곡된 방향으로 자기 표현을 하게 되는 것이다. 그래서 우리를 힘들게 하는 이들을 바라볼 때 '아, 저 사람도 감정표현을 잘 못하는 사람인가?' 하고 새로운 관점을 가지게 되면 실제 상황은 달라지지 않아도 숨통은 좀 트일 수 있다.

사랑 자체를 의심하게 만드는 말들

남녀 관계에서도 마찬가지다. 남자들이 감정표현을 하기 어려워한다는 것을 먼저 이해하면 여자는 좀 더 너그러워질 수 있고, 남자도 역시 편안해진다. 관계의 숨통이 트이는 것이다.

돌아보면 나의 경우도 그렇고, 연인들도 그렇고 꼭 기념일이나 중요한 날 싸우게 되는 경우가 많다. 평범한 날에는 서로에 대한 기대가 고만고만하다가 생일, 1주년, 결혼기념일, 밸런타인데이, 크리스마스… 이런 날이 되면 애써 아니라 부인하면서도 서로에 대한 기대치가 높아진다. 그러다가 상대가 '멍 때리게' 되면 기대했던 쪽은 분노를 하게 되고 그게 여자일 경우 이런 말을 한다.

"오빠, 나 사랑해? 사랑하는 거 맞아? 안 사랑하는 거네. 사랑한다면 이러지는 않지."

이 말, 너무 위험하다. 기본적으로 자신의 감정을 어려워하고 자신 없어 하는 남자들에게, 사랑의 감정에 대해 이런 도전적이고 공격 가득한 말을 하는 것은 매우 큰 스트레스와 혼란을 준다. '그런가? 내가 안 사랑하나? 내가 순희를 사랑하지 않나?'라고 생각하며 자신의 감정에 의문을 가질 수 있다. 그러므로 다르게 표현할 수 있어야 한다.

"오빠 나 사랑하지? 오빠가 나 사랑하는 거 알아. 그런데 솔직히 오늘 조금은 기대했는데, 오빠가 아예 오늘이 무슨 날인지 기억조차 못하니 너무 서운해."

그러면 오빠는 '아… 내가 사랑하는 순희한테 욕먹을 짓을 했구나' 하지, 사랑 자체에 대한 의심은 하지 않는다.

잠시 신경 꺼두셔도 됩니다

그러면 왜곡된 감정표현을 하고 있는, 화내는 상사는 어떻게 할까?

방법은 하나다. 그냥 내버려두는 것이다. 섣불리 분노하는 감정의 파장 안으로 뛰어들거나 맞불을 놓는 위험한 행동은 하지 말고, 그를 그냥 내버려두는 것이다. 내버려두면 어떻게 될까? 당신이 누군가에게 막 화냈을 때를 회상해보라. 격렬한 분노를 쏟아부은 뒤 어떤 생각이 들었는가?

나 같은 경우는 '창피하다', '후회된다', '내가 왜 그랬을까', '괴롭다', '뭔가 꼬인다' 등의 부끄러운 감정이 깃들면서 살짝 위축되고 다른 사람들의 눈치를 슬쩍 보게 된다. 그리고 이렇게 제정신으로 돌아올 때까지 두어 시간은 걸리는 것 같다. 그러니 날이면 날마다 반복적으로 화내는 사람, 상사, 동료는 잠시 혼자 내버려두었다가 두어 시간 후에 다가가는 것이 좋다. 아마 그때 다가가면 무안하지만 애써 무안하지 않은 척할 것이다. 물론 자신이 화를 냈던 건 합리적이라는 입장을 유지하겠지만, 대개 속은 후달리고 있을 것이고, 또 그렇게 다가와주는 부하 직원에게 은근히 고마워할 것이다.

그리고 누군가 화를 낼 때 모두가 똑같은 크기의 스트레스를 받는 것은 아니다. 사람마다 차이가 있는데, 만일 내가 화를 내는 이에게 많이 눌리는 성향이라면 자기를 보호해야 한다. 자기를 방치하면 안 된다. 자신을 지켜라.

화내는 이가 상사일 경우, 맞짱을 뜨거나 자리를 뜨는 건 불가하므로 현실적으로 실천 가능한 소심하고 간단한 방법을 하나 추천한다. 별것 아니다. 잠시 딴생각을 하자. 눈동자를 고정하고 경청의 자세를 취하며 딴생각을 하는 것이다. 일종의 무시이다. 심리적인 거리 두기가 중요하다. 아니면 상상하자. 예를 들면 '장풍 쏘기' 같은 것. 언젠가 한 번쯤 보았을 법한 웹툰의 장면처럼 손바닥으로 장풍을 쏴 부장님의 화를 얼려버리는 것이다. 비록 현실의 나는 고개를 숙였으나, 상상 속의 나는 장풍을 쏘고 있다.

어떻게든 정서적으로 생존할 방법을 찾지 못하면 심적으로 많은 손상을 입게 된다. 어느 날부터인가 위염에 시달리기 시작한다. 과민성 대장증후군에 걸려 밀가루만 먹으면 화장실에 가는 나를 발견하게 된다. 나는 서른다섯 살인데, 마흔다섯 살도 울고 갈 탈모가 진행된다. 고혈압은 옵션이다. 그리고 조금씩 더 우울해지고, 무력감에 빠져들기 시작할 것이다.

조금 더 그들을 이해해보자면, 자주 화를 내는 것, 반복적으로 화내는 것은 어쩌면 '저는 상처가 많아요. 사랑받지 못했어요. 그런데 어쩌죠? 유감스럽게도 이렇게 안 좋은 방향으로 성장하고 말았어요. 저도 저를 어찌할 수가 없어요. 감정표현이 너무 어려워요. 사랑받고 싶어요. 제가 화를 내도 저에게서 멀리 떨어지지 마세요'라는 외침일지도 모르겠다. 만일 자주 화내는 누군가가 좋은 아버지를 만났더라면 상황은 달라졌을지도 모른다. 그러니 조금만, 진짜 손톱만큼만 불쌍하게 여겨주자. '에휴 너도 참 힘들게 컸구나' 하고 말이다.

그들 안에 있는, 두려움에 떨고 있는 다섯 살짜리 아이가 보이는가? 그렇다면 당신에게 툭하면 분노의 아우라를 풍기는 그 사람에게 용기 내어 커피 한 잔 내밀 수 있는, 그야말로 '쩌는' 포용력이 생긴 것일지도 모르겠다.

화를 자주 내는 사람은 결국 어떤 관계도 쉽지 않아 고립될 것이다. 사람들은 화내는 사람을 무서워하는 것을 넘어 싫어하고, 시간이 지나면 경멸하게 된다. 화내는 연인은 사랑을 잃고, 화내는 부모는 가족과의 관계를 잃고, 화내는 상사는 신뢰를 잃는다. 그러니 화는 호환마마보다 무서운 것이다.

p.s. 편의상 화쟁이님들을 김 부장, 최 과장, 황 부장님으로 묘사했습니다. 도처에서 존경받으시며 마음씨 좋게 일하시는 김 부장, 최 과장, 황 부장님께 양해 부탁드리며 응원의 마음을 보냅니다.

'진심 소통'을 위한 팁

- 날마다 개념 없이 화를 내고 있는지, 날마다 화내는 사람에게 위축되어 있는지, 자신을 잘 살펴보라.
- 상사가 또 화를 내고 있다면, 내버려두었다가 한두 시간 뒤에나 접근하라.
- 나 자신을 보호하기 위해, 화내는 내용을 곱씹지 말고 딴생각하기와 장풍 쏘기를 연습하라.
- (연인에게) "나 사랑하긴 하는 거야?"가 아니다. "나 사랑하지~"라고 어법을 바꾸어라.
- 화내는 사람 속에 살고 있는 불쌍한 다섯 살 아이를 찾고, 그 아이를 품어주어라.

지금, 발작 중입니까?

꼭지가 도는 순간, 뚜껑이 열리는 순간들은 주기적으로 찾아온다. 그 순간들은 우리 삶이 단조롭고 평화스럽게 흘러가는 것을 최선을 다해 막는다. 인간관계에서 나도 모르게 찾아오는, 거침없는 감정의 폭발은 때로 누군가와 오랜 시간 쌓아온 신뢰를 재로 만들어버리기도 한다. 감정이란 녀석은 좀체 종잡을 수 없다. 그 녀석을 잘 다루지 못하면 우리만 손해를 볼 뿐이다.

기업 내 소통을 주제로 한 강연을 다니다 보니, 많은 사람들이 '감정'으로 인한 어려움을 겪고 있었다. 하지만 '일'이라는 것을 함께하는 공간에서 마냥 감정 타령을 할 수 없다. 그래서 혼자 삭히고 이해하고 덮고 넘어가다가 더 곤란한 상황에 처하게 된다. 참으로 위험한 일이다. 감정을 무조건 참고 누른다는 것.

감정 문제에 있어 특히 남성들이 더 어려워하고 답답해하는 것을 느낀다. 그들은 아무런 일도 없는 표정으로 우리의 일상 속에 있지만, 실제 그들의 내면은 흠집이 나 있고 눌려 있다. 더 심각한 것은 자신들의 감정을 인지하는 것 자체를 매우 어려워한다는 것이다. 아마도 남성들은 감정을 자유롭게 느끼고 표현할 기회가 상대적으로 적었기 때문일 것이다. 기본적으로 우리나라는 감정을 자유롭게 표현하는 나라는 아니다. 절제와 체면이 소통에서 묵직한 가치로 자리 잡아 있다. 이런 상황에서 비교적 여성들은 수다라는 연대를 통해 서로를 감싸고 치유했다. 여성들은 수다를 통해 감정을 드러내고 흘려보내는 것을 경험했다. 하지만 남자들은 비교적 그렇지 못했다. 그들에게 감정은 존재하나 차라리 외면해버리는 대상이 되었다. 감정을 드러냈다가는 바로 약자나 모자란 인간으로 취급받았다. "남자가 그렇게 유약해서야." "남자는 세 번만 우는 거야." "남자가 채신머리없게." 감정을 표현할 길이 막힌 남자들에게 감정을 드러낸다는 것은 너무도 어려운 과정이 되어 영원히 내려가지 않을 체기처럼 가슴 한가운데 박혀 있다.

일단 귀 기울여줘!

감정을 느끼고 표현하는 것이 우리에겐 어려운 과제가 되었다. 그러므로 누군가 당신에게 어렵고 불편한 감정을 이야기한다면, 그것은 결코 쉬운 결정은 아니었을 것이고, 오랜 고민 끝에 아주 어렵게 말 한마디를 내뱉는 것일 가능성이 크다. 그러므로 함께 일하는 사람들이 당신에게 불편하고 어려운 감정을 말한다면, 우선 그 말에 귀를 기울이고 한 번쯤 그 사안을 객관적으로 생각해보는 것은 더할 나위 없이 훌륭한 방식이다. 그들은 호소하고 있는 것이다. 불편한 감정을 대화로 풀기를 시도한다는 것은 우리나라에서 자란 이들에게 혁명에 가까운 일이다. 보통 감정은 오랜 침묵 속에서 볼케이노의 에너지를 모으다 폭발하는 방식으로 표현되기 때문이다.

우리를 고이고이 키우신 어머니들이 어느 날 저녁 설거지를 하시다가 갑자기 그릇을 내동댕이치시며 "이놈의 집구석, 내가 없어져봐야 정신을 차리지! 엉?" 하며 갑자기 울음을 터뜨리시는 것 같은 상황이다. 우리는 그냥 평소처럼, 언제나 그렇듯 설거지는 엄마가 하니까, 집은 원래 더러웠고, 난 단지 하던 대로 싱크대에 그릇을 넣어두었을 뿐인데…. 아, 그리고 밥 먹을 때, 그냥 멸치볶음이 짜다고 했을 뿐이다. 짠 걸 짜다고 했는데 뭐가 잘못인가. 그리고 벌러덩 누워 TV를 보며 킬킬댔을 뿐이다. 빨래 건조대에서 누군가의 손길을 기다리는 세탁물이 내 눈엔 안 보였을 뿐이다. 평소대로 우리는 무심하게 하던 대로 했을 뿐인데 엄마는 폭발한다.

이런 엄마의 감정 폭발은 '갑자기' 일어난 일이 아니었음을 나는 서른 넘어서야 알게 되었다. 얄미운 딸이었던 나는, 엄마의 헌신과 희생은 당연한 내 삶의 밑거름이라고 생각했었으니까. 엄마의 헌신은 공기나 물처럼, 나에게 그저 자연스러운 삶의 일부라고 생각했었으니까. 수많은 날 엄마는 얼마나 많은 고단함 속에서 멸치를 볶았을까. 눕고 싶지만 마저 빨래를 정리해야 하는 순간이 얼마나 많았을까.

내가 엄마가 되어 살림을 하고 육아를 해보니, 정말 감정이 폭발하고야 마는 순간이 많았다. 아이를 셋 키우는 친구에게 나의 이런 상태를 이야기했더니 그 친구의 말이 참 위로가 되었다.

"친구야, 그런 걸 발작이라고 한단다."

그렇게 엄마들은 주기적으로 발작을 하고 산다.

나 자신을 관찰하면서, 나는 평소에 소소한 감정 표현을 잘 하지 않는다는 것을 알게 되었다. '언제 장을 볼까? 바쁘다. 너무 버거워.' '다녀오면 다시 들어왔다 나갈 시간이 되나? 뭐가 이렇게 피곤해.' '우체국도 다녀와야 하는데, 우체국은 몇 시까지 열지? 아, 스트레스 받아.' 이런 고민들을 입 밖에 내지 않고 혼자 머릿속에서 계산해보면서 스트레스 지수를 높이고 있음을 알게 되었다. 그러다가 아무것도 모른 채 TV를 재미있게 보고 있는 남편 뒤통수에 결국 폭탄을 던지고 만다. 원만한 부부관계, 원만한 회사생활 위해선 '발작을 일으키지 않도록' 자신의 감정 흐름에 대한 인식이 필요하다. 우리는 대부분 효과적으로 표현하지도 못하고, 표현하는 방식을 배우려고 하지도 않고, 배워서 된다고 생각하지도 않는다. 하지만 살던 대로 살아간다면 우린 많은 것을 잃을 것이다. 감정은 모아놓았다가 날을 잡아 터뜨려서는 안 된다. 감정이 느껴질 때마다 조금씩 자연스럽게 표현하고 다루는 연습을 해야 한다.

발작을 다루는 방법

세계적인 경영학자 피터 드러커는 감성지능에 자기 인식과 자기 규제가 얼마나 중요한지 이야기한 바 있다. 감정에 대하여 자기 인식과 자기 규제를 잘 사용하는 이들은 그렇지 않은 이들보다 실수를 덜하며 인간관계를 긍정적으로 유지한다.

자기 인식이란 이렇게 이야기할 수 있을 것 같다. 그런 날이 있지 않나. 출근해서 컴퓨터를 켜고 앉았다. 똑같은 장면, 똑같은 사람들, 똑같은 수다인데 사람들의 말이 유독 고깝게 들리는 날. 그런 날, 우린 실수하기 쉽다. 하지만 이때 '자기 인식'이라는 주사위를 굴릴 수 있다면 감정적인 실수를 막을 수 있다. 잠시 머리를 털고 주사위를 굴려보는 것이다. "내가 왜 이러지? 오늘 왜 이렇게 예민하지? 우린 항상 이런 아침, 이런 수다였잖아. 근데 나 오늘 왜 이렇게 짜증이 나지? 아!!! 이번 주 잠이 부족했구나! 아, 어제 누구랑 싸웠는데 그 감정을 가지고 출근했구나…." 이런 식으로 나의 감정 상태의 현주소를 확인하는 것이다. 이렇게 자기 인식이 끝나면 다음은 '자기 규제'다. 조심하자. 오늘 기분이 나쁜 이유에는 나의 상태가 7할 이상이다. 괜히 쌀쌀맞고 짜증스럽게 말대답해서 나중에 사과할 일이나 괜한 오해 만들지 말고 오늘 하루 입조심, 또 조심하자. 이런 식으로 자기 인식과 자기 규제를 거친다면 우리는 사회적 관계에서 어린아이 같은 감정적인 실수를 반복하지 않고 평정심을 유지하는 성인으로서 프로답게 일해 나갈 수 있다.

남녀 관계의 발작도 그렇다. 서로에게 심각한 감정적인 상해를 입히지 않기 위해서는 규칙이 있어야 한다. 발작 타임에도 규칙이 있다. 몇 가지 규칙을 소개하자면 이렇다.

1. 마지막 1도를 건드리지 않는다.

물이 99도까지는 끓지 않다가 100도가 되면 끓기 시작한다고 한다. 오래된 연인들은 어떤 말을 하면 상대가 100도가 되어 폭발하는지 이미 알고 있다. 어떤 말을 하면 뚜껑이 열려버리는지 아주 잘 알고 있다는 뜻이다.

"야, 너도 엄마랑 판박이네."

"이래서 그 여자도 떠났구나."

"넌 인내심이 진짜 없다. 그러니까 맨날 욕먹지."

열받으면 이런 천기누설을 해버리고 싶다. 뒷일은 걱정이 되나 또 마지막 한마디를 내뱉을 때의 카타르시스가 상당하기에 어리석은 선택을 하고야 만다. 하지만 절대 마지막 1도를 올리는 그 한마디를 해서는 안 된다. 기억을 되살려보자. 사랑하는 이에게 받은 말의 상처가 쉽게 잊히던가. 안 잊힌다. 사랑했기에, 더욱 이해받고 싶었기에 사랑하는 사람이 내뱉은 말은 아파도 너무 아프다.

2. 싸우다 나가지 않는다.

싸우다가 열이 받으면 "이놈의 집구석" 하고 나가버리는 사람들이 있다. 감정의 소용돌이를 주체하지 못해서 격한 정서적 단절의 방법을 택하는 것은 상대에게 모멸감을 준다. 격해질 때 잠시 한 사람이 방에 들어가 있거나, 담배 한 대 피우고 오면서 분위기를 환기시키는 것은 좋은 방법이 될 수 있다. 그러나 집을 나가버리거나, 바깥에 같이 있다가 상대방을 혼자 내버려두고 가버리거나, 차를 몰고 가버리면 안 된다. 상대가 한창 말하는 중인데 전화를 끊어버리는 것도 안 된다. 그렇게 되면 싸움의 이슈가 또 하나 늘게 되고 감정선은 더욱 복잡해진다. A에 대한 싸움은 끝까지 A가 이슈로 남아 있어야 한다. 갑자기 나가거나 사라지면, 그 자체가 B라는 이슈를 만들게 되고 상대는 A보다 B 때문에 더 열받게 된다. A로 끝장 봐야 관계의 발전이 있는데 '뭐? 나가? 나갔어? 항상 이런 식이지. 나 무시하지?' 하며 B라는 이슈가 또 싸움에 끼어들어 매듭 풀기가 점점 더 복잡해진다. 정 나가야겠으면 다녀오겠노라고, "I will be back"이라 멋지게 말하고 나가자.

언젠가 집을 나온 경험담이 있는 남자들의 이야기를 들은 적이 있다. 막상 나오니 갈 데가 없더라고. 다시 들어가자니 그렇게 얼굴이 화끈거리더라고. 그러면서 또 다른 남자들에게 이런 조언을 하더라.

"그러니까 그냥 나오면 안 돼. '나갔다 올게' 해야 해. 그리고 '올게'를 더 큰 소리로 해야 해. 이런 것도 다 나가본 사람들이 아는 거야."

그리고 귀가시간을 알려주는 센스와 더불어 들어올 때 맥주와 오징

어다리를 사 들고 와서 상대에게 내밀 수 있는 배짱이 있다면 그 커플은 상당히 희망차다 할 수 있겠다.

3. 자녀가 있다면 왜 싸웠는지 설명해주라.

아이에게 싸움 자체를 보여주면 안 된다고 생각하는 부모들이 있다. 하지만 꼭 그런 것은 아니다. 때리는 싸움, 욕하는 싸움, 던지는 싸움이 아니라면 노출이 되어도 괜찮다. 싸움이란 밥을 잘 먹다가도 갑자기 일어나는 거니까. 단, 싸움의 이유를 설명해줘야 하고 화해하는 장면을 보여주어야 한다. 이런 과정 속에서 아이들은 자연스럽게 사회를 배운다. '인간은 싸우고 갈등하고 또 화해하고 사는 거구나' 하고 말이다.

4. 자녀를 메신저로 이용하지 마라.

부부 서로에게 열받으면 한마디도 말하기 싫을 때가 있다. 이럴 때 아이를 메신저 삼는 집들이 있다.

"아빠 식사하시라고 해."
"아빠 식사하시래요."
"안 먹는다고 해."
"안 드신대요."
"영원히 드시지 말라고 그래."

아이의 정신은 매우 피곤하고 긴장된다. 아이들은 부모의 갈등을 소화할 의무가 없다. 아이들은 약하고 상처받는다. 어른의 일은 어른의 일이다. 말하기 싫으면 문자로 해라.

그리고 아이들에게 부부 사이의 일을 하소연하는 분들이 있다. 아이들은 스펀지다. 갈등의 스트레스를 그대로 흡수한다. 아이들은 거르지 못한다. 상처받는다. 엄마가 아빠 욕을 하면 아이는 아빠에 대한 미움이 생기고, 이성관이 건강하게 자라지 못하며, 나중에 배우자를 선택할 때 어려움이 생길 수 있다. 반대인 경우도 마찬가지다. 남편 욕을 하고 싶거든 차라리 찜질방에서 처음 만난 여인들에게 하는 게 낫다.

'진심 소통'을 위한 팁

직장에서

- 조직 안에서 변화하는 당신의 감정을 체크해보라. 발작 중인가, 아니면 단계적으로 감정을 표현하는가?
- 누군가 당신과의 관계에서 불편한 가정으로 표현했다면 결코 쉽게 나온 말이라고 생각하지 마라. 당신이 어렵듯 그 사람도 어렵게 꺼낸 말이다.

가정에서

- 마지막 1도를 건드리는 어리석음은 보이지 말자.
- 아이들에게 싸움의 내용을 설명해주고, 화해하는 모습을 보여준다.
- 아이들을 메신저로 만드는 일, 아이 앞에서 배우자 험담하는 일 등은 금물이다.

당신은 나의 첫!

표 현
소 통

건성으로 하는 대답
단답형 대답
말허리 자르기…
친밀함의 자리에
외로움이 깃든다.

부드러운 언어의 강점

바른말이라도 듣기 싫은 말투

"웃는 얼굴에 침 못 뱉는다"라는 속담이 있다. 상대방이 온화하고 다정하게 다가오면 사람들은 좀 더 쉽게 경계심을 풀고 마음을 열게 된다. 〈동물의 왕국〉 같은 TV프로그램에서 뱀이 나오면 나는 유심히 살펴보게 된다. 뱀은 S자로 부드럽게 움직인다. 혐오감을 일으키는 혀와 오싹한 느낌을 주는 피부를 빼고, 오직 뱀의 움직임만을 보면 그렇게도 요사스럽고 부드러울 수가 없다. 나는 남자를 상대로 사기를 치는 여자를 왜 '꽃뱀'이라고 부르는지 〈동물의 왕국〉을 통해 조금 깨닫게 되었다. 아마도 그 특유의 S자로, 몸을 꼬면서 아주 부드럽게 다가가기 때문일 것이다.

직장생활을 하면서 당혹스러운 순간 중 하나가, 사람들이 나의 말투에 상처받았다는 것을 알게 될 때이다. 당시의 나는 전혀 악의가 없었는데, 누군가가 나 때문에 지난 밤 소주를 들이켰다는 사실을 알게 되면 상당히 당혹스러운 일이 아닐 수 없다.

입장을 바꾸어 생각해보자. 누군가에게 상처를 받고 정을 떼버렸던 순간이 있었나? '아, 이 사람과는 멀어져야겠다' 하며 마음을 접는 순간들이 있었나? 그런 순간들은 천만 원을 떼였다거나, 애인을 빼앗겼다거나 하는 극적인 일일 확률은 사실 그리 많지 않다. 오히려 아주 사소한 순간들일 확률이 높다. 아주 사소한 순간들이 긍정적으로 발전할 관계로 갈 것인지 단절된 관계로 멈출 것인지를 결정한다.

처음으로 화장을 한 날 완전 쑥스러운데 "야, 너 눈썹 웃겨"라고 말한 친구랑은 놀기가 싫어진다. 업무지시를 내릴 때마다 말귀를 잘 못 알아듣고 "네? 네? 네?"를 단음절로 쏘면서 대답하는 후배에게 정을 붙일 수 없다. "죄송합니다. 잘 못 들었습니다. 다시 한 번 말씀해주세요"라고는 못할망정 "네? 네? 네?"를 연발하면 정말 아무것도 시키고 싶지 않다. 애매한 상황에서 "우리 법인카드로 밥 먹을까?" 살짝 뒤가 구린 제안을 했을 때 바로 "그건 아닌 거죠"라고 톡 쏘면 참 무안해진다. 틀린 말이 아닌데도 마음을 상하게 하는 말들, 바른말인데도 기분이 나쁜 말들, 인심을 잃는 말들이 있으니…. 말하고 살기 정말 어렵다.

그래서 이번 장에서는 조금은 더 부드럽게 말하기 기술 세 가지를 소개하고자 한다. 콧소리를 낸다거나 '솔'음으로 말하기 등은 아니니까 안심하라.

행동표현 화법

첫 번째로 소개할 화법은 행동표현 화법이다. 말 한마디에 천 냥 빚을 갚는 시절은 지나갔다고 하는 사람들도 있지만, 여전히 말 한마디는 중요하고, 사람들은 말 한마디로 많은 영향을 주고 또 받는다. 행동표현 화법은 아주 간단하지만, 상대에게 친절함을 전달할 수 있는 화법이다. 주변 인물 중에서 친절하거나, 다정다감하거나, 애교가 있는 캐릭터를 한 명씩 떠올려보시면 좋겠다. 다정한 남동생, 애교 넘치는 엄마, 친절하고 매너 있는 사람들을 잘 관찰해보면 그들은 대부분 행동표현 화법을 쓰고 있다. 예를 들면 이런 식이다.

"엄마가 코야 코야 해줄게."
"아빠가 자전거 잡고 있어. 걱정하지 마."
"아이스크림 앉아서 먹어야지."
"퇴근해야지, 시스템 종료."
"있어봐, 내가 물 떠다줄게."

그들은 대부분 자신의 행동을 언어로 표현하는 언어패턴을 가지고 있다. 즉, 액션과 워딩이 함께 가는 것이다. 반면에 마음은 그렇지 않으면서도 상대에게 냉정하다, 무뚝뚝하다는 평가를 받는 사람들은 말을 아낀다. 물론 말보다 진실하게 행동하는 그들은 '츤데레' 같은 매력이 있지만, 그 진심을 알기까지 상대방은 정말 많은 세월을 써야 하고, 끝

74

내 츤데레의 진심을 알지 못할 수도 있다.

당신은 어떠한가. 이제는 직장에서도 행동표현 화법을 한번 써보자. 그럼 당신은 점차 조금은 편안한 동료, 고민을 말할 수 있는 동료, 까칠하지 않은 동료, 우리 옆에 꼭 있었으면 하는 동료가 될 수도 있다. 커피 한 잔을 타주더라도 말 한마디에 상황이 이렇게 바뀐다.

Before

나: 커피 마실래?

후배: 네!

(말없이 커피를 타서 내민다. 커피에는 카리스마를 담았다.)

후배: 가… 감사합니다.

후배는 프림과 설탕이 들어가는 커피를 끊었다는 자기주장도 하지 못한 채 카리스마의 향이 넘치는 커피를 벌벌 떨면서 마실지도 모른다.

당신 입장에선 억울한 일이다. 사실 당신은 "커피를 마시겠냐"라는 친절한 질문을 했고, 커피 타는 노동을 했고, 건네주는 서비스까지 했다. 그런데 당신이 담은 감정의 노동만큼 상대는 느끼지 못한 것이다. 내가 담은 진심만큼 상대가 알아주지 않을 때 서운해지고, 관계는 엇갈리기 시작한다. 그러니까 내가 담은 감정의 크기만큼 상대가 느낄 수 있도록 하는 것이 당신이 뭔가를 해주고도 억울하지 않은 일이다. 그러니 이제 이렇게 해보자.

After

나: 커피 마실래?

후배: 네!

나: (커피를 타주며) 커피 타줄게, 커피 타고 있어, 후~

(건네주며) 뜨거워~ 조심해~.

후배: 감사합니다.

손발이 오그라든다면 당신은 행동표현 화법을 잘 쓰지 않는 사람일 확률이 높다. 행동표현 화법을 당신의 스타일로 계발하고 사용한다면, 당신은 어제보다는 따뜻한 사람이 되어 있을 것이다.

카사노바 오빠들이 여자들을 사로잡을 때 쓰는 화법도 결국 행동표현 화법이다.

"오빠가 갈게." (다른 말은 필요 없다. 갈 것을 간다고 하는 것이다.)

"오빠가 낼게." (오빠가 낼 것을 낸다고 하는 것뿐이다.)

"오빠가 매줄게." (맬 것을 매준다고 말할 뿐이다.)

이보다 더 간단할 수 있을까?

상황표현 화법은 여러 명이 연출하는 상황을 그대로 표현하는 방법이다. 어색한 순간에도 말을 채울 수 있고, 상대에게 어떤 평가나 적대감 없이 호의를 표현할 수 있다.

예를 들어 당신이 사무실에 들어가다가 후배 세 명이 복도에서 커피를 마시는 장면을 목격했다고 치자. 당신은 그들이 근무시간에 커피 마시는 것에 전혀 불편함을 느끼지 않았다. 화도 나지 않았다. '그래, 애들도 힘들겠지' 하며 오히려 안쓰럽다는 생각을 한 채 사무실로 들어왔다. 그런데 당신이 아무 말 없이 그냥 그대로 사무실로 들어간다면, 후배들은 당신의 마음을 알 수 있을까? 당신과 그들의 눈이 마주쳤지만 아무 말도 없이 들어간다면 당신의 눈빛을 후배들은 어떻게 해석할까?

후배 1: 일 안하고 커피 마신다고 생각하겠지. 눈치 보인다.

후배 2: 뭐지? 자기도 한 잔 타달라는 건가?

후배 3: 생각 없음. 태생적으로 단순한 것이 무기이자 재산.

후배들은 당신을 오해할 수 있다. 그러니 이제 이렇게 말해보기를 권한다.

"응~ 커피 마시고 있구나!"

놀랍도록 간단하지 않은가. 커피를 마시고 있는 그들을 보고 커피를 마시고 있다고 하면 끝이다.

달력을 넘기면서 "아휴, 벌써 가을이 오네"라고 하는 아내에게, "우리 가을에 결혼했었지"라고 가을에 결혼한 상황을 그대로 말해주면 참 다정하게 느껴진다.

나는 홈쇼핑을 좋아한다. 언제나 내 인생에 꼭 필요한 물건만을 파는 신기한 홈쇼핑. 절대 없어서는 안 될 것 같은 저 물건의 존재를 난 왜 10분 전까지 모르고도 이토록 잘 살아왔는가를 반성케 하는 홈쇼핑을 좋아한다. 그런데 안타까운 순간이 있다. 홈쇼핑에서 주문한 물건이 남편 퇴근하는 시간에 맞춰 배송될 때이다. 후회가 된다. 남편에게 말하지 않고 080 버튼을 눌렀던 수많은 밤들을. 그렇다. 나도 양심의 가책을 느낀다. 눈치가 보인다.

그런데 남편이 보자마자 "또 주문했어?"라고 소리치면 양심의 가책을 느끼면서도 반항심이 생긴다. "이거 5만 원에 4벌이야. 그럼, 이런 것도 안 사고 살아?" 하며 공격적이 된다. 그런데 남편이 "택배 왔네~"라고 그냥 상황을 표현하는 말을 해주면 "응, 반품할 거야"라며 뜯어보지도 않은 상자를 현관 문앞에 놓는다. 그리고 공손해지며 스스로 과소비 성향을 반성하게 된다.

시간차 대답법

세 번째 소개하고 싶은 것은 시간차 대답법이다. 부부가 좀 살다 보면 안 되는 게 있는데, 그중 하나가 상대방의 말을 끝까지 잘 듣고 친절하게 대답을 해주는 것이다. 살다 보면 상대의 의도와 생각이 읽히고 때로는 듣지 않아도 무슨 뜻인지 알 때가 있다. 그러다 보니 대답도 건성으로 하게 되고, 단답형에, 말허리를 자르는 실수를 범한다. 이런 대화가 반복되면 조금씩 말수가 적어지기 시작하고 적어지는 말수만큼 거리도 멀어진다. 친밀함의 자리에는 외로움이 깃든다.

조금은 더 부드럽게 대답하는 법, '시간차 대답법'이다. 몇 년 전, 〈상속자들〉이라는 드라마를 즐겨 보았다. 드라마 속에 아직도 잊히지 않는 인상적인 장면이 있다. 남자주인공 '탄'은 여자주인공인 '차은상'을 대놓고 좋아한다. 감정표현도 상당히 적극적이고 노골적이다. 이에 비해 차은상은 사랑놀이를 하기에는 현실의 짐이 무겁다. 수업이 끝나면 항상 아르바이트를 해야 한다. 은상은 감정을 절제하고 꿋꿋하고 굳세며 자기관리를 잘하는 캔디형이다. 그런 차은상이 적어도 내가 보기에는 최초로 귀엽게, 마음의 빗장이 풀린 콘셉트로 표현되는 장면이 있었다. 탄이 이런저런 얘길 하며 은상에게 의향을 물었다. 그랬더니 은상이 대답했다. "아니"라고. 대사는 "아니"인데 장면은 부드러웠다. 이유는 은상이 "아니"라는 대답을 약 2초간 뜸을 들이며 했기 때문이다. 그랬던 것이었다. 2초. 딱 2초만 뜸을 들이고 대답하면 그것이 단답형이라고 해도 상당히 부드럽게 들렸다.

소개팅 자리에서

"차 드시러 가실까요?"

"(2초 뜸을 들이고) 네, 그럴까요?"

"식사는 입에 맞으세요?"

"(2초 뜸을 들이고) 네, 맛있어요."

"그럼 다음 주에 또 올까요?"

"(2초 뜸을 들이고) 아니요."

대답이 부정적이라 해도 어떤 질문이든지 2초만 시간을 두고 대답하면 대화의 흐름은 부드러워진다. 생각해보면 '진격의 대화'를 하는 사람들은 대답을 상당히 빠르고 단호하게 하는 경향이 있다. 2초의 기술을 기억한다면, 다정하다 평가받을 날이 멀지 않았다.

'진심 소통'을 위한 팁

- 한순간의 대답으로 정이 붙거나, 정을 뗄 수 있다.
- 당신은 행간을 부드럽게 채우는 말을 하는 재주가 있는가?
- 내일 가장 처음 만나는 이에게 행동표현 화법으로 커피를 타주자.
- 질문에는 2초 시간을 두고 대답한다. 단, 회의 때는 1초로 줄인다.

센스에 대해서만큼은
희망을 가질 수 있다.
센스는 인간관계에서 계속 계발되고
성장하기 때문이다.

센스의 발견

'눈칫밥'을 먹어본 시절이 있는 이들의 강점은 그야말로 '눈치'가 빠르다는 것이다. 삶이 인간극장이요 아침드라마였던 이들은 어릴 적부터 여러 사람들의 감정을 살피고, 분위기를 봐가며 자신의 행동을 결정하면서 생존해왔다. 사실 그 '눈치'는 세상을 살 때 엄청나게 큰 도움을 준다. 눈치는 서글픈 과거가 수고했다고 주는 거액의 보너스와도 같은 것이다. 그리고 이 눈치가 긍정적으로 진화하게 되면, 조직생활에서 '센스 있는 인간관계'를 할 줄 아는 자로 성장할 가능성이 크다.

- 야식 먹을 때, 마지막 남은 만두 한 개를 집어도 될 것인가 말 것인가를 판단해내는 센스
- 상대방이 지금 휴지를 찾고 있다는 것을 알아차리는 센스
- 매해 1월엔 싱글들에게 "올해는 결혼해야지"라고 말하지 않는 센스

- 워크숍 때, 여성 직원이 편의점을 찾고 있으면 '아, 그날이구나'를 알아차리고 "저도 면도기 살 일 있는데 제 차 타고 같이 나갔다 오실래요?"라고 말할 줄 아는 센스
- 점심시간, 네가 물컵을 돌렸으니 나는 수저를 돌리겠다는 센스
- 상사가 좋아하는 술안주는 제일 먼저 주문할 줄 아는 센스
- 네가 밥을 샀으니 술은 내가 산다는 센스
- 너의 집은 의정부고 우리 집은 부천이니 종로쯤에서 만나자고 하는 센스
- 복잡한 테이크아웃 카페에선 빠른 주문을 해주는 센스

등등등.

센스는 수많은 감정들을 경험하면서 생겨난다. 감각이라는 것은 자극을 받을수록 발달하게 되어 있다. 성인기에 접어들었는데도 센스가 결여되면 인간관계에서 난항을 겪기도 한다. 센스 있는 자가 되기 위한 첫 번째 과제는, '나에게 센스가 없음'을 깨닫는 것이다. 인간은 독고다이로 살기엔 너무 외롭다. 웬만하면 잘 어울려서 옹기종기 사는 것이 인간사의 맛이다. 그러니 센스 지수를 올려 옹기종기 재미나게 살아보자. 내가 센스 있는지 없는지 알고 싶거든 솔직한 지인 다섯 명에게 이런 메시지를 보내보자.

"책을 읽다가 고민이 되어 보낸다. 나는 센스 지수가 어떻게 돼? '상중 하'로 답해줘. 솔직하게 답해주지 않으면 너 올해도 애인 안 생긴다."

그러면 아마 솔직한 답변이 올 것이다.

나의 센스 지수는 어떻게 올릴 것인가

자, 그럼 어떻게 센스 지수를 올릴 수 있을까? 앞서 눈치 빠른 사람들을 그대로 따라해보는 것이다. 센스가 없는 사람들은 자기만의 생각에 빠져 있고 타인이라는 존재에 관심이 없다. 타인의 필요에 관심이 없다. 우선 타인에 대한 민감성을 가져야만 센스 기능이 발달할 수 있다.

그러므로 이제부터 눈치를 보라. 분위기를 살피고 항상 한 박자 늦게 말하고 한 마디 늦게 말하는 것이다. 앞뒤 못 가리고 선방을 날리는 과감함 따위는 버리자. 오고 가는 대화, 사람들의 눈빛, 변하는 얼굴빛, 입꼬리의 변화를 관찰한다. 그리고 어떤 지점에서 사람들이 기뻐하고 환호하고 칭찬하고 고마워하는지 관찰하라. 주변에 센스 있다고 칭찬받는 사람들이 있을 것이다. 회의할 때도 밥을 먹으러 갈 때도, 사람들과 속도를 맞추어 걸어보자. 스마트폰과 이어폰은 잠시 내려놓고 인간관계의 흐름을 타보자.

춘곤증이 몰려오는 오후 3시, 슬며시 나가 신선한 원두커피를 사 와 돌리는 사람이 있고, 프로젝트 진행 과정이 지지부진하여 심란한 팀원들에게 "오늘 점심은 내가 쏠게"라고 말하는 사람이 있다. 어쩌다 상대방이 지각하면 대신 눈치껏 잘 둘러맞추는 이들이 있다. 사람들의 기분과 마음을 잘 읽는 사람들, 사람들의 사정을 눈치채고 적당히 봐주는 사람들, 타인의 필요를 잘 알고 채워주려 마음을 쓰는 사람들. 그런 이들을 우리는 '센스 있는 사람들'이라 부르며 좋아한다. 그들을 관찰하고 베푸는 센스를 발견하라.

또한 센스 있는 자의 길을 가기 위해서는 SNS에 댓글을 달 때도 아무 글에나 '좋아요' 누르지 말고, 좀 읽어보고 '좋아요'를 누르자. "누나 밥 사줘요"라는 댓글을 달 때도 앞에 사람들이 쓴 댓글을 좀 읽어본 뒤 달아야 한다. 앞의 댓글을 살펴보지도 않고 개연성 없는 댓글을 달면 읽는 사람의 화를 돋우게 되어 있다.

센스에 대해서만큼은 우린 희망을 가질 수 있다. 왜냐하면 센스는 인간관계 속에서 계속 계발되고 성장하기 때문이다. 유감스러운 이야기이지만 싱글 여성들이 유부남에게 끌리는 이유는 그들이 가지는 안정감과 여자를 대하는 능숙한 센스가 한몫하기 때문이다. 그들이 처음부터 센스가 있었을까. 아마 적지 않은 숫자는 아내와의 혹독한 소통 훈련으로 사막에서 꽃을 피운 케이스일 것이다.

남녀 관계에서도 센스는 중요하다. 찰나의 센스 없음으로 눈앞에서 이상형을 놓친 한 남자의 비극적인 실화 하나를 들려드리겠다.

남자와 여자는 강남의 S카페에서 만나기로 약속했다. 소개팅 장소를 S카페로 잡은 것 자체가 문제였다. 프랜차이즈 카페는 보통 번화가에 한두 개는 기본으로 있는 것인데, 남자와 여자는 과감하게 그곳으로 약속 장소를 잡았다. 소개팅 날, 여자는 영화관 앞쪽에 있는 S카페로, 남자는 지하철역에서 가까운 S카페로 갔다. 남자는 여자에게 전화를 걸었다.

"안녕하세요. 저 도착했습니다. 어디신가요?"

"네, 저도 도착했는데요."

"어…. 안 보이시네요."

"아, S카페가 많은가 봐요. 어디에 있는 S카페에 계세요?"

"저는 지하철역 앞에 있는 S카페에 있습니다."

"아, 그러시구나. 저는 영화관 앞에 있는데."

자, 일단 여기까지 멈추고 질문을 하나 해보자. 남자와 여자는 길이 엇갈렸고 각각 다른 S카페에 가 있다. 이때 남자는 무엇이라고 대답을 해야 급격하게 떨어지고 있는 이 소개팅의 로맨틱 지수의 손실을 막을 수 있을까. 아마도 가장 센스 있는 대답은 "죄송합니다. 제가 지금 그리로 갈게요"일 것이다.

솔직히 남자가 죄송할 일은 아니다. 약속 장소는 같이 정한 거니까. 사실 꼭 남자가 움직여야 하는 법도 없다. 하지만 소개팅 날, 대개 여자들이 빨리 걷기는 좀 어렵다. 보통 평소보다는 높은 굽을 신고 신경도 많이 썼기 때문에 허겁지겁 걸으면 마음도 헤어스타일도 푹 꺼지게 되어 있다. 그러니 소개팅 첫날만이라도 센스 있는 배려를 해주시면 고맙겠다.

그런데 남자는 무엇이라고 대답을 했을까.

그 남자의 대답은 "아…"였다.

너무 당황한 나머지 대처능력을 발휘할 수 없었던 그는 그냥 "아…"라고 대답했고, "아…"에 당황한 여자는 자신도 모르게 "제가 그리로 갈게요"라고 대답해버렸다. 그러자 남자는 더 당황하여 "아, 네…"라고 대답했다.

남자를 찾으러 지하철역 쪽 카페로 가는 길에, 여자는 그냥 집으로 가고 싶은 마음이 굴뚝 같았단다. 그렇게 남자와 여자는 만나게 되었다.

그런데 반전은 여기서 일어나고 말았다. 여자가 카페 문을 열고 들어오는 순간, 남자는 그녀에게 완전히 반해버리고 말았다. 남자의 가슴은 뛰었다. 남자는 너무 당황하여 찰나의 센스가 없었을 뿐 자신감도 있고 자기 감정표현도 곧잘 하는 남자였다. 여자가 너무도 마음에 든 남자는 밥을 먹으며 거침없이 마음을 표현했다.

밥을 먹으며,

"저, 이렇게 소개팅에서 마음에 드는 분 만나기는 처음입니다. 정말 가슴이 벅차오릅니다."

"아, 네…. (흥! 니가 왔어야지!)"

길을 걸으며,

"드라이브 좋아하세요? 주말에 어디 외곽이라도 다녀올까요?"

"네…. 생각해볼게요. (치! 니가 왔어야지!)"

소개팅 후, 남자는 여자에게 선물을 보냈다.

여자는 택배 상자를 북북 찢으면서 말한다.

"니가 왔어야지! 니가 왔어야지!"

이렇게 '니가 오지 않았기 때문에' 한 남자는 그토록 기다린 이상형을 눈앞에서 놓쳤다. 인생에서 찰나의 순간이란 이토록 중요한 것이다.

일도 사랑도 쉽게 만드는 센스

내가 실제로 이 예를 가지고 강의할 때 공개 질문을 해보면, 안타깝게도 30대 중후반의 싱글 남자들 그룹에서 답이 안 나오는 경우가 종종 있다.

"죄송합니다. 지금 제가 그리로 갈게요"가 도무지 그들의 입에서 나오지 않는다. 지금까지 들었던 질문들 중에서 제일 인상적이었던 것은 "중간에서 봅시다"였다. 중고 물품 직거래를 하러 나온 것인가. 중간에서 보자니. 그다음은 "영화 좋아하시나 봐요"였다.

이런 답변을 하는 남자들은 모두 멀쩡히 자기 일을 하고 있고, 성실하고 착했다. 그런데 단지 그놈의 센스가 결여되었을 뿐인 것이다. 남자들 입장에서는 계발을 해야겠지만 여자들에게 당부하고 싶은 것은 첫 번째 만남에서 너무 센스가 없어도 가능성을 봐주라는 것이다. 센스는 없지만 진정성이 있는 남자들도 많으니까 말이다.

어쨌든 "아…" 했던 남자의 사랑은 이렇게 시작도 못하고 끝이 났다.

센스를 키우면 일도 사랑도 한결 쉬워질 것이다. 센스는 단순한 기술이 아니요, 타인에 대한 진정한 관심과 배려 속에 커간다는 사실을 센스 있게 기억하자!

'진심 소통'을 위한 팁

• 당신은 센스가 있는 편이라고 생각하는가? 5명에게 확인된 사실인가?
• 사무실에서 당신이 좀 더 센스 지수를 채워야 할 부분이 있는가?
• 프렌차이즈 카페에서 소개팅을 할 때는 사전 조사와 위치 파악을 해 둔다.
• 첫 만남에 센스 없는 남자에게 너무 낮은 점수를 주지 않는다. 성실도 는 100점일 수 있다.

책임감을 가질 때

일상은 책임의 연속

진정한 어른이 된다는 것은 '책임'이라는 짐의 무게를 감당하는 사람이 되어가는 과정이라는 것을 어린 시절엔 몰랐다. 어린 시절 방바닥에 엎드려 하는 둥 마는 둥 숙제를 끼적이고 있으면 할머니나 삼촌이 한 말씀씩 던지고 지나갔다. "공부할 때가 제일 좋은 거야."

나는 그 말을 들을 때마다 이해할 수 없었다. 공부가 얼마나 어려운데, 산수가 얼마나 어려운데 저런 말을 하는가. 어른들이야말로 정말 편하게 생각한다 싶었다.

그런데 어른이 되고 나니 그 말의 의미를 알게 되었다. 나는 개인적으로 결혼을 하고 나서 성인이 자신의 인생을 책임진다는 것이 어떤 의미인지 알게 되었다. 다달이 날아오는 각종 고지서들을 보며 이것을 대신

내주는 사람은 없다는 것을 새삼스럽게 깨달았다. 인생에 대해 비장한 책임을 느꼈다. 식료품을 살 돈이 하늘에서 떨어지지도 않았다. 부부간에 갈등이 생겨도, 누군가가 억지로 시켜서 한 결혼도 아니니 이 선택을 책임지기 위해서는 산도 넘고 굴도 파야 했다.

아이를 낳으니 이것이야말로 책임감의 극치였다. 생후 2개월이 된 아이가 누워서 꼬물거리는 것을 보고 있으면 신비롭고 귀여우면서도 '아… 그렇구나. 이 아이는 우리가 아니면, 내가 젖을 주고, 재워주고, 씻겨주지 않으면 죽을 수도 있겠구나. 우리에게 한 생명에 대한 책임이 막중하게 생긴 거구나. 이 아이는 그저 태어났을 뿐인데, 만일 우리가 막 살면 이 아이의 인생에까지 해를 입히게 될 수 있구나'라는 생각이 들었다. 아이에게 우리가 절대적인 존재라는 것을 깨달았던 그 순간만큼 책임이라는 단어를 준엄하게 깨달은 적은 없었던 것 같다.

우리의 일상도 일도 책임지는 것의 연속이다. 약속한 시간까지 메일에 답을 주는 것, 약속한 시간에 미팅 장소에 도착하는 것, 내가 맡은 기획안을 잘 추진하는 것, 내가 맡은 계산은 오류 없이 잘 합산하고 맞춰놓는 것, 불평하는 고객에게 적절히 응대하는 것, 계약의 조항들을 잘 이행하는 것…. 누군가 책임을 회피하면 일을 그르치게 되고 결과는 최악이 된다. 그게 아주 사소한 일일지라도 책임지는 것을 소홀히 하면 안 된다.

세일즈맨인 재훈은 수려한 외모와 언변으로 여자 고객들에게 인기가 상당히 많았다. 입소문을 타고 재훈의 영업망은 확장되었다. 그러다가 새 고객

93

을 소개받았는데, 재훈의 사업에 굉장히 중요한 역할을 해줄 수 있는 고객이었다. 하지만 재훈은 그 사실을 파악하지 못했다. 대부분의 여성 고객에게 긍정적인 피드백을 받아오고 실적이 좋았던 터라 약간 우쭐해져 있었던 것도 한몫했다. 새로운 고객은 원리원칙을 중요시하는 사람이었고 남자였다. 첫 번째 통화를 했다. 새로운 고객은 자신이 원하는 내용에 대해 내일 오후 1시까지 답을 받아볼 수 있는지 물었고, 재훈은 당연히 그럴 수 있다고 했다. 그러나 다음날 1시에 재훈은 새 고객에게 전화하지도 않고 찾아가지도 않았다. 다른 고객의 급한 요청에 일이 밀렸던 터였다. 더 안타까운 일은 새 고객에게 온 두 번의 전화를 받지 못했다. 재훈은 자신의 행동을 아주 사소한 실수라고 생각했다. 책임감을 잃은 것이다. 그리고 약속 시간보다 6시간이나 경과된 후에야 새로운 고객에게 전화했지만, 그는 이미 다른 업체를 선정하기로 했다고 말했다. 새 고객은 냉정했고 그를 소개한 사람들에게 재훈에 대해 부정적인 피드백을 했다. 재훈의 평판은 예전 같지 않게 되었고, 일을 소개해줘도 묻지 못하는 무능하고 책임감이 결여된 세일즈맨이라는, 조금은 억울한 평점을 받게 되었다.

약속한 시간에 전화를 해서 설명이라도 했더라면, 아니면 전화라도 잘 받았더라면, 아니면 부재중 전화에 얼른 응답했더라면, 재훈은 자신이 하는 일의 영역을 더욱 넓히며, 책임감 있는 세일즈맨으로 성장해갔을지도 모르겠다. 재훈의 입장에서 보면 억울한 감이 없지 않지만 사소한 순간이라도 책임과 연결되어 있는 것이라면, 그것은 순간이 아니고 전부가 될 수 있다.

가끔 대형 슈퍼마켓에서 한참 헤맬 때가 있다. 평소에 잘 사지 않는 자동차 용품을 사야 한다거나 공구 같은 것을 사야 할 때 나는 헤맨다. 그럴 때 어쩔 수 없이 직원에게 도움을 요청하게 되는데, 가끔씩 친절하게, 아니 친절함을 뛰어넘어서 주인의식과 책임감을 가지고 안내해주는 직원들이 있다. 그럴 때 나는 직원에게 고마움을 느끼는 동시에 그 기업에 대한 이미지까지 좋아진다. 그런 책임감 있는 친절은 그 사람의 인격의 일부로 느껴진다.

반면 자신의 일임에도 책임감 없이 일하는 사람들을 보면 좀 속상하다. 언젠가 보험비용을 청구하러 여러 차례 보험회사를 방문한 적이 있었다. 나는 이 일을 처리해주는 담당자의 얼굴을 기억하고 있었다. 그날도 보험회사를 방문하게 됐는데, 마침 담당자가 자리에 없었다. 옆자리 직원이 화장실에 갔다며 잠시 기다리라고 했다. 나는 서류를 그녀의 책상 위에 올려놓고 기다렸다. 5분쯤 지났을까. 그녀가 손에 핸드크림을 바르며 자리에 앉았다. 내가 있는 쪽을 보지도 않고, 올려놓은 서류만 보곤 옆자리 직원에게 말했다. "뭐야, 또 왔다 갔어?" 완전히 짜증 난 목소리로 말이다.

내가 앞에 앉아 있는 걸 아는 옆자리 직원은 어쩔 줄 몰라 했다. 그래서 나는 그녀에게 말했다. "저 아직 안 갔는데요"라고. 그녀는 아무 말도 하지 못했고, 조용히 서류에다 도장을 몇 번 찍더니 잘 처리해드리겠다고 말했다. 보험회사를 나오면서 기분이 정말 나빴다. 난 구걸하러 간 것이 아니고, 내가 가입한 상품의 혜택을 받으려고 간 것인데, 자기 일에 책임감 없는 그녀로 인해 씁쓸한 며칠을 보냈던 것 같다. 책임감이란 상당히 중요한 가치이다. 세상의 모든 일을 다 책임질 수는 없지만 내가 맡은 일에 대해 기꺼이 책임을 다하는 것은 당연한 일이다.

아주 사소한 일들을 들어보자. 사무실에서 가장 마지막에 나오는 사람은 최종 소등에 대한 책임이 있다. 자신이 먹은 컵은 스스로 씻는 책임이 개인에게 있다. 주차하다가 누군가의 차를 긁었으면 연락처를 남길 책임이 있다. 사실 책임을 진다는 것은 귀찮고 손해 보는 일인 것 같다. 30분 더 일해야 하는 경우가 생길 수 있고, 엘리베이터를 2번 더 타고 오르락내리락 해야 하거나, 평소보다 2-3번의 통화를 더 해야 할 수 있으니까. 하지만 사람들은 사소한 책임을 소중하게 생각하고 성실하게 이행하는 이를 알아보게 되어 있고, 그들을 신뢰하고 그들에게 조금씩 큰 일을 맡긴다. 당신에게 일을 맡길 이는 당신이 가진 책임감에 대해 관심이 많고 그래서 더 당신을 관찰하게 되어 있다.

그러므로 결국 '사소한 일'은 없다. 자료 찾는 것을 끝까지 후배에게 미루는 사람, 추운 겨울날에 누가 가도 별 상관이 없는 외근에도 자기만 안 가려고 용쓰는 사람의 행동은 다 티가 난다.

'진심 소통'을 위한 팁

- 귀찮아서, 피곤해서 책임을 회피했던 일이 있는가?
- 당신이 사용한 컵을 잘 닦고 있는가?
- 명심하라. 세상에 '사소한 일'이란 없다.
- 당신의 공을 잡아야 인류에게 봄이 온다.

어른이 된다는 것은 '책임'이라는 짐의 무게를
감당하는 사람이 된다는 것.

책임감을 버릴 때

과유불급.

농담이 지나치면 실례가 되고 다이어트가 지나치면 뼈에 구멍이 송송 난다. 좋은 것도 넘치면 부작용이 생기기 마련이다. 책임감이라는 것도 그렇다. 책임감의 적정량이 한 인간에게 있는 것은 매우 바람직한 일이나 이 또한 과해지면 자기를 파괴하기도 한다. 과잉 책임감은 개인에게 독이 될 수 있다.

모 기업에서 일하는 김 대리는 책임감이 너무도 과한 사람이었다. 퇴근을 하려고 일어섰다가도 다른 동료 책상 위에 널브러져 있는, 마무리가 안 된 서류를 보면 그냥 지나치질 못했다. 저 일이 제대로 되어 있지 않으면, 내일 아침 연타로 일이 밀릴 것이고 그렇게 되면 여러 사람이 피해를 보는 상황이 불 보듯 빤하기 때문에 그냥 자기가 해놓는 게 속이 편했다. 그래서 그런 일이 생길 때마다 "여보 먼저 자, 일이 생겼어"라고 집에 전화를 걸었다.

주변 동료들은 출근을 해 메일함을 열어보곤 깜짝 놀랐다. 우렁각시가 다녀간 듯 일이 정리되어 있어 처음에는 김 대리에게 무척 고마워했다. 그러나 시간이 지나면서 김 대리에게 은근히 일을 미루는 버릇이 생겼고, 그걸 당연시하게 되었다. 당연히 우렁각시 대리는 과부하가 걸렸고, 과로를 하게 되었고, 건강이 매우 나빠지기 시작했다. 어떤 날은 모두가 칼퇴근을 하고 공식 우렁각시 혼자 이 일 저 일을 하기도 했다.

어느 날 저녁, 모두가 퇴근한 저녁에 홀로 남아 일하던 우렁각시는 자신의 마음 안에서 모락모락 피어오르고 있는 분노의 연기를 이제야 감지했다. 그리고 이무기로 변할 수 있는 자신의 잠재성을 느꼈다.

착하고 성실한 김 대리는 무엇이 문제였을까. 바로 책임감, 너무도 막중한 책임감이 문제였다. 인간관계에서는 과대기능과 과소기능이라는 것이 있다.

과대기능과 과소기능은 늘 함께 존재한다. 하나의 기능은 다른 기능 없이 발생할 수 없다. 과소기능을 하는 사람과 과대기능을 하는 사람은 융합 관계를 형성한다. 한 사람은 책임감을 갖고, 다른 한 사람은 그 사람이 책임감을 갖도록 만든다. 한 사람은 잘 기능하는 것처럼 보이고 다른 사람은 잘 기능하지 못하는 것처럼 보일 수 있다. 하지만 사실, 그들은 둘 다 그렇게 보이는 상황을 지키려고 연합하고 있다. 각자는 이런 식으로 파멸된다.

_로널드 리처드슨, 《보웬가족평가를 위한 가족치료 자가진단서》

이처럼 인간들의 관계란 참 얄궂은 것이어서 좀처럼 평형과 공평함을 유지하기가 어렵다. 너무나 과한 책임을 지고 살아가는 사람은 결국 분노하게 되어 있고, 어떤 면에서는 서로가 그런 상황을 만들어가기도 하는 것이다. 책임을 지지 않는 사람들의 책임을 대신 수습해주다 보면 그들은 점점 근육을 쓰지 않아 다리에 힘이 풀리고 무기력해진다. 완전히 관계의 균형은 깨지고 역할은 고정되고 악화된다. 처음에는 "어머, 착한 김 대리 정말 고마워요"이지만 시간이 지나면 "일 잘하잖아. 알아서 해봐"가 된다.

김 대리가 살려면 어떻게 해야 할까. 본인의 책임 영역이 아닌 것은 과감히 눈을 감아야 한다. 모든 것을 본인이 책임지려고 과대기능하지 말고 어떤 일이 시간에 맞춰 되어 있지 않다면, 모든 일이 원활하게 진행될 수 있도록, '그 일을 책임질 사람'을 독려하는 것이 김 대리가 해야 할 일이다. 더 이상 우렁각시가 되어 누군가 마무리를 덜하고 던져놓은 서류에 눈길 따위 주지 않는 것이다. 아내에게 "여보, 오늘 늦을 것 같아"라고 전화하는 것이 아니라, 담당자에게 메시지를 보내야 하는 것이다. "내일 보고 시간에 맞춰야 하니 오전 10시까지 완료 부탁드리겠습니다"라고. 만일 내일 10시에도 그 일이 진행되어 있지 않으면 그 메시지가 당신의 책임에 대한 최종 알리바이가 될 것이다. 위에서 난리가 나건 말건 그건 지나가야 하는 일이고 담당자가 당해야 하는 일이니, 당신은 그저 그 불편함을 견디면 되는 것이다.

연인 사이에서도 결혼 준비를 하면서 싸울 때 책임이라는 난제 앞에서 과대기능과 과소기능의 균형이 깨져 혹독한 사랑의 시련을 겪는다.

연희와 재민은 시간을 여유 있게 두고 결혼 준비를 시작했다. 독립적인 결혼을 목표로 한 그들은 부모님들의 도움 없이 결혼을 하기 위해 시간을 넉넉하게 잡았다. 식장, 주례, 신혼여행지, 신혼집, 살림살이 모든 준비 과정을 오롯이 둘이 계획을 세우고 준비를 시작했다. 그리고 문제는 시작되었다. 남자는 성격이 급했고 일을 추진력 있게 하는 성격에다가 자기주장을 잘 관철시키는 유형이었고, 여자는 반대로 느긋했고 수동적이었다. 어떤 일이 벌어졌을까. 결혼 준비는 일사천리로 진행되었다. 남자는 엄청나게 훌륭한 추진력과 결단력으로 집, 식장, 신혼여행지, 가구 구입까지, 모든 걸 속전속결로 처리했다. 물론 중간중간 여자의 의견을 물었고 여자는 그냥 다 "좋아, 괜찮네, 자기가 알아서 해"라고 했다. 그리고 남은 것은 청첩장 준비 같은 소소한 일들. 그런데 결혼식이 아직도 6개월이나 남았다.

모든 것이 준비되었을 때, 남자는 생각했다. '뭐야, 왜 나 혼자 다 해? 아니, 그냥 예쁘기만 하면 다야? 생각할수록 짜증나네. 뭘 제대로 하는 게 없잖아? 이제 보니 생각도 없고, 판단도 결정도 못해. 혹시 결정장애 있는 것 아냐? 왜 이렇게 물어가는 게 많냐. 책임감이 너무 없네.'

여자는 생각했다. '뭐야, 다 제 맘대로야. 아, 진짜 생각할 시간을 주고 뭘 결정해야지. 다 제가 좋아서 정해놓고 나한테 형식적으로 물어보는 거잖아.

이거 파쇼 아냐? 완전 독재자 남편 되는 것 아냐? 나도 그림이 있었는데, 준비할 맘이 싹 사라졌어. 나도 몰라!'

무엇이 문제일까. 한쪽은 책임이라는 미명하에 과하게 에너지를 쏟아 소진되기 시작했고, 다른 한쪽은 약화되고 부당하다 느끼지만 무기력해지기 시작했다. 연인이나 부부 사이에서도 책임의 균형이 깨지면 관계가 깨지고 서로를 비난하게 된다.

흔히 기혼 여성에게 일어나는 과잉행동은 설거지로 대표되는 집안의 일일 경우가 많다. 부부는 둘 다 피곤한 상태로 집에서 급하게 저녁을 차려 먹는다. 애들 한 입 엄마 한 입, 애들 한 입 아빠 한 입, 먹고살기 위해 일을 하는 것인지 일을 하기 위해 먹는 것인지 알 수 없는 시간이 지난다. 배부른 아이들은 내복바람으로 자유로운 영혼이 되어 거실을 떠돌아다니며 자신들의 흔적을 남긴다. 아내는 지치고 퀭한 눈을 해가지고는 빨래할 준비를 한다. 그럼 남편이 한마디 한다. "설거지 놔둬. 내가 할게. 당신 이제 좀 쉬어."

얼마나 개념 있는 남편인가. 자신이 먹은 밥상의 뒤처리는 당연히 자신의 몫이라는 것을 알고 있다.

그런데 문제는 타이밍이다. 남편이 계획한 설거지를 하려는 시간과, 여자가 원하는 시간 차이가 갈등을 촉발한다.

남자의 몸은 아직도 소파에 누워 있고, 눈은 TV를 향해 있다. 마치 영원히 그 자세로 있을 것만 같지만, 결코 아니다. 남자는 생각이 없는 것이 아니다. 남자는 반드시 시사 토론 프로그램이나 스포츠 하이라이트가 끝나고, 간단히 스마트폰 게임을 한 후에, 설거지를 할 계획을 야심차게 세우고 있다.

그러나 여자는 지금 그 거사를 치르기 원한다. 참으로 피곤한 말 '롸잇나우!' 대부분의 여자가 원하는 시간은 언제나 '롸잇나우!'다. 여자는 씻고 나와 애들을 챙기며 분주하다. 그리고 계속 신경이 쓰인다. 설거지 통에 그대로 담겨 있는 아이들. "어서 와서 저희들을 뽀득뽀득하게 씻어주세요!"(아내에게만 들리는) 절규의 목소리를 외면할 수가 없다. 여자는 결국 한마디 한다.

"설거지 한다며."

남자는 계획이 있으므로 주눅 들지 않고 대답한다.

"할 거야."

"할 거야"라는 단어 안에 '당신은 신경 쓰지 마', '걱정 마'가 모두 포함되어 있다. 무엇이 잘못이란 말인가. 그런데 여자는 대부분 이 지점에서 고비를 넘지 못하고 성질에 못 이겨 설거지를 하고 만다. 그리고 생각한다. '항상 이런 식이야. 뭐 하나 시원하게 해주는 게 없어. 내가 신경을 안 쓰면 제대로 돌아가는 게 없어. 내가 신경 안 쓰면 냉장고에 두부 한 모조차 없잖아. 왜 다 내 몫이냐고! 지겨워, 지겨워, 정말 지겨워.' 기어이 여자는 눈물을 흘리고야 만다.

자, 남자는 여자를 울리고야 말았다. 이런 상황을 어떻게 해석할 것인가? 이 지점에서 남자는 무심하고 게으르다고 질타받아야 하는가? 이기적인 새끼라고 욕을 먹어야 하는가? 남자는 도대체 무슨 잘못을 했는가?

나는 남자의 잘못은 없다고 생각한다. 남자는 설거지를 스스로 하겠다고 그 일을 자신의 영역으로 들여왔다. 이제 설거지라는 거사는 남자의 것이다. 죽이 되든 밥이 되든, 내일 아침까지 밥알이 말라 비틀어져 밥그릇에 붙어 있어도 문제의 설거지통은 남자의 영역이다. 여자는 다른 그릇을 꺼내 쓰면 된다. 설거지는 그의 몫인 것이다. 넘겼으면 그냥 두는 것이다. 그래야 서로가 균형 있는 책임감의 덩어리를 나누어 가지게 된다.

그런데 여자는 다시 이 영역을 침범해 들어간 것이다. 다시 남자의 중요한 목표를 빼앗아 대신 성취하고 있는 것이다. 단지 자기가 원하는 시간에 자신이 원하는 스타일로 그 거사가 치러지지 않았다는 이유로 말이다. 남자의 마음은 어떨까. 황당하다. 그리고 화도 나고 이제는 설거지 따위는 하지 않아야겠다고 생각한다. 이런 식으로 남녀는 비껴간다.

그리고 최악의 시나리오는 언젠가 여자가 사람들 앞에서 사과를 깎으면서 농담과 진담을 적당히 버무려 남편을 비난하는 것이다. "이 사람은요, 설거지도 안 해요. 맨날 이따 한대요. 그게 대체 언제냐구요. 그냥 제가 해버리고 말죠. 호호호. 하하하."

엄청난 대형 사고를 치고 있다는 걸 인지하지 못한 채 마구 내뱉는 여자의 말은 남자의 행동을 확정하고 고정화한다. 남자는 무안한 듯 군

소리 없이 사과 한 조각을 입에 베어 물며 생각한다. '그래, 설거지를 하겠다는 나의 순수했던 마음, 그 의지가 이런 식으로 폄하되는군. 슬프다. 난 진정으로 설거지를 하려고 했는데 말이야. 그것도 아주 깨끗하고 즐겁게 하려고 했어. 그런데 아내가 빼앗아갔지. 내가 그 아이들을 씻을 기회를…. 그리고 나를 완전히 오해하고 있군. 좋아, 그럼 어쩔 수 없지. 영원히 설거지를 안 하는 남자가 되어주는 수밖에. 이젠 만족하겠지.'

과한 책임감은 상대를 무력하게 하고 당신을 번아웃시킨다.

우리는 그저 주어진 일만 확실하게 하면 된다. 모든 일을 내가 다 책임질 수는 없다.

지금 꼭 커피를 마셔야 하는 시간이라면, 옆집 화단을 고양이가 망쳐버리든, 설거지통에서 밥알이 쾌속 건조되고 있든, 개의치 말고, 당신은 당신 자신을 위한 커피를 반드시 마셔야만 하는 것이다. 아주 맛있게 향을 즐기며 말이다. 과한 책임감은 당신이 시간과 계절과 자기 자신과 우정을 누릴 수 있는 행복의 기회를 허망하게 빼앗아간다.

'진심 소통'을 위한 팁

- 내 일이 아닌 것에 관심을 쏟고 있지는 않은지 점검해보라.
- 거절하는 것은 이기적인 것이 아니다. 해야 할 일과 하지 않아도 될 일을 분별하라.
- 과한 책임감은 책임을 덜 지게 될 상대에게도 독이 됨을 명심하라.
- 배우자에게 일을 시켰으면, 언제 하는지 예의 주시하지 마라. 신경 꺼라.

당신이 고른 직장, 당신이 고른 사람

조직생활이 너무나 즐겁다, 좋다, 딱 맞다고 생각하는 사람들이 세상에 과연 몇이나 될까.

우리는 일을 하게 되면 크든 작든 '조직'에 소속된다. 2-3명 아르바이트생으로 모인 카페도 조직이고, 5명이 일하는 작은 회사도 조직이고, 만 명이 모여서 일하는 곳도 조직이다. 조직생활이 맞든지 안 맞든지 일을 하는 사람들은 일단 조직의 구성원이 된다.

오랜 조직생활에 질린 사람들이 자주 내뱉는 말 중에 하나가 "회사 때려치우고 프리랜서나 해야겠어"이다. 프리랜서는 '회사'라는 조직은 없지만 '자본주의'라는 거대한 조직 안에 던져진 사람들이다. 조직에 속한 사람들은 지옥철로 출퇴근하지 않아도 되는 프리랜서들이 부럽지만, 또 프리랜서들은 매월 고정수입이 있는 조직생활자들이 부럽다.

어쨌든 우리는 자신이 속한 조직의 생리와 생활에 힘겹게 적응해나간다. 일이 가장 힘들어지는 순간 중 하나가 바로, 내가 '조직' 안에 있다는 것을 처음으로 실감케 되는 때인 것 같다. 상하가 있고, 체계가 있고, 질서가 있고, 규칙이라는 것이 존재한다는 것을 알게 되었을 때, 그리고 나는 이런 조직 안에서 견디고 버텨내야만 한다는 것을 깨닫게 되었을 때 숨이 조금씩 막혀온다.

당신이 선택한 곳이다

나는 스물다섯 살에 처음으로 조직생활을 시작했다. 당시엔 내가 어떤 조직의 일원이 된다는 것에 대한 개념이 없었다. 그저 내가 원하는 일을 하게 되었다는 나 중심적인 관점이 있었을 뿐 어떤 조직의 구성원이 된다는 것에 대해서는 말 그대로 '무개념'이었다. 돌아보면 참 생각 없고 이기적인 관점이었다.

그리고 그때의 내 모습 같은 친구들을 만나면 안쓰럽기도 하고 안타깝기도 하다. 조직은 개인의 권리와 자유를 존중해야 하지만 개인은 조직에 부정적인 영향을 주지 않는 한도 안에서 자신의 취향과 의견을 내세워야 한다. 왜냐하면 '서로 합의 하'에 조직 안으로 들어왔기 때문이다. 조직 안에 있는 사람들은 적당한 거리를 두고 관계를 유지할 수밖에 없다.

하지만 조직이라는 것 자체에 항상 반감을 가지는 경우는 조금 생각해봐야 한다. 그것이 정말 최선일까. (물론 개인을 착취하고 전혀 소통의 의사 없이 억압하는 조직은 예외이다.)

어느 기업의 신입사원들에게 강연을 한 적이 있다. 요즘 회사에서는 신입사원들을 위해 무척 다양한 프로그램을 만들어서 깜짝 놀랐다. 그런데 그중 한 명이 아웃사이더처럼 행동했다. 조별로 발표를 준비하는 시간이었는데 그 사람은 자신의 팀에 관심이 없는 것 같았다. 그래서 왜 팀에 적극적으로 들어가지 않느냐고 그에게 물었다.

"저는 이런 걸 아주 싫어해요."

'그래, 성향에 따라 조별 발표 같은 건 힘들 수 있지.' 이해할 수는 있지만, 그가 조직의 구성원임을 자각하지 못하고 다른 이들에게 피해를 주면서까지 개인의 입장을 고수하는 것은 유감스러웠다. 아마도 그에게 가장 큰 과제는 조직의 구성원으로서 합류하는 것이 어떤 것인지를 알게 되는 게 아닐까? '따로'가 되면서 '같이'도 되어야 한다. '따로'만 되면 관계는 얼어붙는다. 조직에 지나치게 모든 걸 바치는 것도 좋은 방법은 아니지만, 조직에 들어가 프리랜서처럼 행동하는 일도 그리 멋진 일은 아니다.

"그냥 월급만 잘 받으면 되지 뭐." 자기 밥그릇을 위해 조직이 존재하는 것처럼 말하는 사람들을 보면 안타까우면서도, 결국 우리 사회의 현주소와 현실을 보는 것 같아 씁쓸하다.

조직과 동료들에게 끝까지 정을 주지 않는 사람들. '조직은 조직, 나는 나' 하며 깔끔하게 기브앤테이크 관계로 거래하는 사람들. 삭막하지 않은가. 조직에 정을 주지 않으면 사실 재미도 없고, 일의 발전도 없다. 조직에 들어간 이상 이미 수많은 관계는 시작되었고 그 관계를 맺어갈 일말의 책임은 그 조직을 선택하고 조직에 발을 담근 자에게도 있다.

사훈을 알고 있는가? 창립연도와 CEO의 철학을 알고 있는가? 매년 반복되는 창립기념일에 쉬나 안 쉬나에만 관심을 가지지 말고 당신의 조직의 존재의 의미와 가치를 찾고 더불어 당신이 그곳에 있는 의미와 가치도 함께 찾아보라. 당신이 선택한 조직이다.

결혼이라는 조직

결혼도 일종의 조직생활이다. 결혼은 퇴근 없는, 끝나지 않는 조직생활이다. 그것을 모른 채 이 조직을 선택하는 사람들이 있는 것 같다. 심지어 아이를 낳았는데도 끝까지 결혼의 조직다움을 받아들이지 못하고 자유를 외치며 독자적으로 행동하는 사람들을 보면 솔직히 울화가 치민다.

"저는요, 일주일에 두 번 정도는 친구들과 꼭 술을 마셔야 해요. 그러다 보면 외박은 자연스럽죠." (결혼 전 생활 습관을 전혀 조율할 생각이 없는 사람)

"나는 옛날부터 유학을 꿈꾸며 살았어. 이번이 정말 절호의 찬스야. 다녀올게." (두 살짜리 자녀가 아장아장 걸을 때, 혼자 과감하게 유학길에 오르는 사람)

결혼이 자유도 꿈도 사장되어야 할 곳은 아니지만 본인의 절대적인 자유와 꿈을 위해 다른 구성원인 배우자에게 과한 희생을 요구하는 행위들은 상대에게 상처를 준다.

배우자와 협의되었고, 또 상대가 적극적으로 지지한다면 아무 문제 될 것이 없다. 그런데 그렇지 않은 경우 위와 같은 행동은 조직의 구성원임을 잊은 이기적인 행동이다. 결혼은 너도나도 자유를 누리고, 너도 나도 꿈을 꾸는 곳이지, 나만 꿈꾸고 나만 자유로운 공간이 될 수는 없다. 한 사람의 절대적인 자유가 보장되려면 나머지 한 사람은 절대적인 속박의 상황에 처하게 된다.

배우자가 집에서 당신을 간절히 기다린다면 귀가하라. 그것이 조직 생활이다. 한 사람이 어린이집에서 아이를 데리고 와 목욕을 시키고 있다면, 다른 한 사람은 저녁식사를 준비하자. 협업해야 조직은 돌아간다.

누군가 물었다. "결혼은 언제 해야 할까요?"

글쎄, 개인에 따라 다르다. 결혼적령기? 사실 잘 모르겠다. 나는 그래서 이렇게 대답한다.

"결혼이, 누군가와 운명 공동체를 이루는 결연한 의지를 담아야 하는 조직이라는 것을 알게 될 때, 그때 하면 좋지 않을까요?"

결혼 후에 내가 형성한 가족은, 다른 가족의 조직과 또 하나의 조직을 이룬다. 시댁과 처가라는 조직이 합쳐진 것이다. 그래서 이 조직에 적응하는 만만치 않은 과정이 펼쳐진다. 어떤 조직은 밥 먹을 때, 밥을 그릇에 담고 나면 그 주걱을 밥솥에 그대로 넣는다. 어떤 조직은 밥을 퍼담을 때마다 주걱을 건조시킨다. 어떤 조직은 영덕 대게를 푸짐하게 사면 사돈 팔촌까지 불러 하루아침에 다 먹어야 하고, 어떤 조직은 깔끔하게 비닐에 넣어 냉동시켰다가 집에 오는 사람들에게 한 팩씩 나누어준다. 각기 다른 조직의 문화다.

"진짜, 어이가 없어요. 저희 시어머니는 왜 꼭 먹을 것만 생기면 오라 가라 하시는지 모르겠어요."

"장모님이 밥을 너무 많이 퍼주십니다. 감사하긴 한데 이게 은근히 스트레스예요. 처갓집에 다녀오면 위가 찢어질 것 같아요. 이제 처가에 갈 때는 오늘은 또 무엇을 얼마나 먹어야 하나 겁이 난다니까요."

사람들은 일정한 시간 동안 자신이 태어난 조직의 문화만을 경험한다. 처음으로 다른 조직의 문화를 엿보는 것은, 친구네 집에 놀러가기 시작하면서부터다. 우리 집은 라면을 끓이면 각자 그릇에 담아주는데, 어떤 집은 큰 냄비를 식탁 위에 통째로 올려 각자 라면을 건져 먹는다.

우리 집은 밥 먹을 때 얘기하면 말 많이 한다고 혼이 나는데, 어떤 집은 아빠가 더 말을 많이 한다. 문화 충격이다.

시댁과 처가에 적응하는 건 다른 조직에 적응하는 것처럼 꽤 시간이 걸린다. 결혼 후 처음 1년은 너무 주도권을 잡으려거나 나랑 스타일이 안 맞는다고 마음을 닫지 말고 편하게 친구네 집에 놀러갔다고 생각하라. 그리고 조직의 문화를 탐색하고 적응하라. 국자는 어디에 놓는지, 최종 의사 결정권자는 누구인지, 가족 안의 피스메이커와 트러블메이커는 누구인지 조직의 생리를 관찰하면 좀 더 순조로운 합류가 가능할 것이다.

비장한 조직생활

파워레인저를 보면 가끔 깊은 깨달음을 얻을 때가 있다. 여러 명인 그들은 따로 있다가도 함께 힘을 합쳐 과업을 성취한다. 독수리 5형제도 각각 독립해 움직이지만 적이 나타나면 합체한다. 개인 영역의 존중과 조직의 조화가 기가 막히다.

결혼이라는 조직생활은 이처럼 비장하다. 만만치 않은 곳이다. 하지만 조직원으로서의 책임만 다한다면 그 어느 곳에서도 경험할 수 없는 친밀함과 사귐과 평안과 쉼이 있는 곳이 될 것이다.

'진심 소통'을 위한 팁

직장에서

- 당신은 조직에서 어떤 사람인가?
- 사훈과 CEO의 철학을 알고 있는가?
- 조직을 대하는 당신의 마음은 어떠한가?

가정에서

- 결혼도 조직생활이다.
- 결혼 후 1년 동안은 친구 집에 놀러왔다 생각하고 타조직의 문화를 잘 관찰해보라.

'가오'는 독이다

* '가오'는 '폼 잡다' 할 때 '폼'을 속되게 이르는 말이다. '폼'이라고 쓰니 어쩐지 폼이 안 나서, 여기서만큼은 '가오'를 밀고 나가기로 했다.

40대 여성이 소개팅을 하고 와서 울분을 터뜨렸다. 이야기를 듣자 하니 의도하지 않게 막장 소개팅 한판 찍으시고 최악의 토요일 저녁을 맞이하신 것이다.

어릴 때 만나서 연애를 하면 좋은 것은, 아직 서로의 직업이나 연봉이나 집의 사이즈가 정해져 있지 않거나 불충분해도, 사랑만으로 마음을 열 수 있다는 것이다. 그저 내 손을 꼭 잡는 오빠가 좋고, 별 얘기 아닌데 재밌다며 웃어주는 그녀가 좋다.

그런데 마흔 정도가 되어 소개팅을 하게 되면, 이미 획득한 '사회적인 위치'와 이미 몸에 배어 있는 '인간을 대하는 태도'가 소개팅 장소에서

'가오'로 튀어나올 가능성이 많다. 그래서 짝을 찾고자 하는 간절함과 반비례하여 '망亡'의 길로 접어드는 경우들이 종종 있다. 바로 이 커플이 그랬다.

내가 봤을 때 어느 한쪽의 문제가 아니었다. 둘 다 '한가닥' 하셨다. 비즈니스를 하러 나온 자리가 아님에도 불구하고 팽팽한 탐색의 습관을 버리지 못했고, 급기야 남자 쪽에서 '가오'로 향하는 소개팅의 포문을 열었다.

> **가오남:** 한 나이 하시니… 모아두신 돈도 많으시겠어요.
>
> **가오녀:** (이미 열받은 포스) 당연하죠! 집은 몇 평이나 되세요?
>
> **가오남:** 강남에 있는 아파트가 42평쯤 됩니다.
>
> **가오녀:** 기본은 하셨네요. 취미는 뭐예요?
>
> **가오남:** 골프죠 뭐. 이제 국민운동 아닌가요?
>
> **가오녀:** 연봉은요?
>
> **가오남:** 월 천 정도 되죠. 그 정도는 되어야 애들 과자 부스러기라도 사줄 수 있지 않겠어요?

이렇게 가오 남녀는 막말을 남발하면서 막장 소개팅의 주인공으로 열연하셨고, 밥도 먹지 않고 돌아섰다. 여자는 울고, 분노하고, 답답해했다. 하지만 남자도 여자와 비슷한 감정을 느꼈을 것이리라.

이들은 어디서부터 꼬이기 시작했을까. 문제는 '가오'였다. 마음은 아니었을 텐데. 마음은 사랑을 찾아 나갔을 텐데…. 밀리고 싶지 않은, 이

나이에 하는 소개팅에서 밀리고 싶지 않은, 그놈의 가오발에 영혼을 판 것이 화근이었다.

차라리 거기서 누구 하나가 "마흔 살에도 소개팅 하시려니, 좀 지치죠? 그래도 우리 이왕 나온 거 하루 재미있게 지내요"라고 공감대를 형성하면서 긍정적인 멘트를 날렸다면 상황은 달라지지 않았을까?

힘을 과시하는 건 자랑이 아니다

멋진 사람은 멋이 있지만, 멋을 과하게 '부리는' 사람은 오히려 촌스러운 것처럼, 가오는 인간관계에서 절대 득이 될 수 없다. 가오는 신뢰도 존경심도 가져다주지 못한다.

요즘 우리 사회는 온갖 '갑질'에 대한 회의로 가득 차 있다. 조직 안 권력이 있고 인사결정권이 있는 갑의 가오는 무섭기 그지없다. 생존권과 인간의 존엄성을 짓밟는 자본주의 안에서 갑의 가오는 공포 그 자체이다.

어느 시중 은행 인사 담당 임원은 "성性희롱에 대한 경각심은 어느 정도 형성되어 있는 반면 아랫사람의 인격을 모독하고 면박을 주는 '힘희롱'은 당연하게 받아들여졌던 것이 사실"이라며 "그러나 이런 행태가 업무 효율을 떨어뜨리고 결과적으로 기업의 이미지에 악영향을 줄 위험이 있다는 인식이 커지면서 관련 징계 수위가 높아지고 잣대가 점점 엄격해지고 있다"고 말했다.

상명하복上命下服 문화가 팽배한 일본에선 몇 년 전부터 직장 내 괴롭힘을 뜻하는 '파워하라(power harassment의 줄임말)'가 뿌리 뽑혀야 할 사회적 병폐로 인식되고 있다. 후생노동성이 직접 신고를 받아 조사하고, 직장 상사가 괴롭혀 우울증을 앓거나 자살을 하면 이를 산재로 인정하는 등 정부 차원의 대책도 여럿 나왔다.

경희대 경영대학원 이동규 교수는 "한국의 많은 기업은 '고객은 왕'이라고 하면서 직원을 종처럼 여기는 측면이 있지만 선진국 중엔 직장 내 괴롭힘 문제를 사회적 범죄로 여기는 경우가 많다. 직장에서 일어나는 모욕적 언사는 고객에 대한 서비스 저하로 이어져 결과적으로는 기업의 가치를 훼손한다"고 말했다. _〈조선일보〉 '직장 힘희롱 비상등 켜졌다'

힘에 대한 과시가 조직에는 물론 사회적으로 많은 문제를 야기하자 어떤 조직들 안에서는 이에 대한 경각심이 일었고 성희롱과 같이 정서적으로 폭력이 될 수 있고 수치심을 줄 수 있으며 인간의 존엄성을 훼손할 수 있는 힘희롱에 대한 견제의 목소리가 나오고 있다. 이러한 정서적인 저항감과 기류들이 이 사회 안에서 더욱 강렬히, 더욱 오랫동안 지속적으로 일어나기를 바랄 뿐이다.

우리는 평일에 가족과 생활하는 시간보다 조직 안에서 인간관계를 맺으며 살아가는 시간이 더욱 길다. 애인의 얼굴을 바라보며 사랑을 나누는 시간보다 상사에게 욕을 먹는 시간이 더 기니, 인간의 마음이 어찌 정상일 수 있을까.

갑질은 또 다른 갑질을 낳는다. 대개 혹독한 시집살이를 한 며느리는 시집살이 시키는 시어머니가 된다. 사랑을 받은 경험이 없어서 정서적인 에너지가 고갈된 사람은 누군가에게 나누어줄 사랑이 없다.

가오를 부린다는 것은 "저는 소통을 못하는 사람이에요. 아주 일방적인 사람이에요. 배려 공감 따위란 제 인생에 없답니다"라고 광고하는 것과 같다.

- 어느 곳에서나 부하직원을 "야"라고 부르는 과감한 친근함
- 퇴근 15분 전에 새로운 업무, 그것도 자기가 해야 할 일을 남에게 미루는 결단력
- 주말마다 산 정상까지 부하직원을 질질 끌고 올라가는 강인한 의지
- 커피 심부름 시키고 돈은 절대 주지 않는 뜨거운 나눔 정신
- 업무상 만나는 새로운 사람에게 도통 인사를 할 줄 모르는 깜찍한 새침함
- 궁금해서 물어보면, "넌 말해줘도 몰라"라고 대답하는 놀라운 예지력

이 모두 소통을 단절하는 가오의 한 형태이다.

잘나가던 결혼이 어이없게 깨지는 것도 예단이 오고 가는 중에 같이 오가게 된 가오 때문이다. 검소하게 준비하자고 약속했는데, 막상 준비를 하고 보니 온갖 체면과 없어 보일 것에 대한 자존심이 엄습한다. 결국 슬금슬금 예단의 그레이드를 올리고, 그러는 중에 '상견례 때는 이렇게 얘기하지 않았나?' 생각하며 서로의 의중이 헷갈리기 시작하고, 그렇게 계속 짊어질 짐들이 늘어나게 된다. 그러다가 결국 가까스로 쌀가

마니를 올리고 있던 부실한 지겟다리가 부서지듯 결혼은 풍비박산이
난다.

"외제차를 탔었는데 국산차로 바꾸니 애인이 떠났다"는 어떤 이의 이
야기는, 사랑 따위는 관심 없고 그저 자랑하기 바쁜 화보 같은 데이트만
하는 청춘에 유감을 느끼게 만든다.

힘을 행사하는 가오는 불편하고, 있어 보이고 싶어 하는 가오는 안타
깝다. 가오는 한 존재의 진실을 가리는 가면이다.

어깨에서 벽돌 좀 내리자. 가면은 가장무도회에서나 유용한 것이다.
가면을 쓰고 살아간다면 우린 지쳐 초죽음이 될 때까지 무도회에서 춤
을 춰야 할지도 모른다. 모두가 떠나고 홀로 고독하게 남겨질 때까지 말
이다.

'진심 소통'을 위한 팁

직장에서

• 당신은 가오를 부리는 사람인가?

• 가오를 부리는 사람 때문에 불편했던 경험이 있는가?

• 힘희롱에 대해 생각해본 적이 있는가? 내가 속한 조직에서 힘희롱을 어떻게 견제할 수 있겠는가?

연애할 때

• 결혼 준비를 하고 있다면, 상대방이나 양가 부모님과 충분히 대화해야 한다. 오해를 사거나 마음 다치지 않도록 늘 조심하라.

• 소개팅 첫 자리가 가오로 물들지 않게 하라.

이렇게 다른 우리, 괜찮을까?

관 계 회 복

소 통

직장에서도 연인에게도

언제나 건강한 거리감을 유지해야 한다.

그래요, 나 가지가지 합니다

'착한' 사람들이 흔히 저지르는 실수 중 하나가, 이 세상 모두를 사랑하고 이해해야 되는 줄 알고 행동하는 것이다. 그래서 어떤 사람과 트러블이 생기고, 모두와 잘 지내는 것이 어렵게 되면, '나에게 문제가 있는 것이 아닐까?' 하는 관계에 대한 열등감에 시달리기까지 한다. 다른 사람들은 그럭저럭 잘 지내는 것 같은데, 유독 나만 저 사람과 자연스럽지 못하다는 불안감이 찾아온다.

하지만 나이가 들어가고 인간관계에 대한 공부를 해가면서 모든 사람과 잘 지내는 것은 불가능한 일이요, 관계에 어려움이 찾아오는 건 오히려 인간에게 주어진 숙명이라는 것을 알게 되었다.

세상엔 너무나 다양한 사람들이 있는데, 어찌 모두와 잘 지낼 수 있단 말인가. 그런 생각을 하는 것 자체가 오만이라는 것을 깨달아간다. 그러면서 사람들은 마음이 좀 편안해졌고, 타인들을 조금은 다른 방식으로 바라볼 줄 알게 되었고, 갈등에 대한 새로운 생각들을 정리해나가게 되었다.

우리는 모두 가지가지들

어느 강의에서 만난 모 기업 여과장님이 이런 말을 했다. "회사에 있는 동안 가장 많이 하는 혼잣말이 있는데, 그건 '가지가지 한다'였어요. 이 말을 주문처럼 되뇌이며 내 책상을 지킨 것 같아요."

'가지가지 한다'라는 말의 뜻은 언뜻 부정적으로 들릴 수 있지만 좀 더 생각을 발전시키면 인간관계에서 꽤 긍정적이고 진취적인 관점을 준다. '가지가지'와 비슷한 단어들로는 '가지각색', '각양각색', '형형색색' 등이 있다. 보시다시피 꼭 나쁜 의미의 말이 아니다. 개별성과 다양성의 인정에 대한 의미가 담겨 있는 단어이다.

모든 사람을 이해할 수는 없어도 인정하기 위해서는 이 '가지가지 한다'에서 한 발짝 더 나아가 '가지가지 할 수 있다'라고 생각하는 포용성이 필요하다. 우리는 다르다. 우리가 일상에서 접하는 사무실, 혹은 쇼핑몰, 집, 동호회 등은 모두 '가지가지'들의 만남이다. 남자와 여자, 50대 여자와 20대 남자, 40대 남자와 20대 여자 등 각각의 가지들이 수많은 변수를 만든다. 서로 공존하는 방법은 다양성에 대한 인정과 포용성이다. 그저 다 다른 것뿐이라는 인식을 가지면 사람들과 훨씬 더 유연하게 관계를 누릴 수 있다.

갈등은 '서로 다르다'라는 수용이 없어서 일어난다. '내 스타일'만 기준이 될 때 서로를 위한 이해의 호흡은 없다. 갈등은 절대적이지 않다. 모두가 다 가지가지이기 때문에 절대적인 기준보다는 상대적인 기준이 서로를 이해하는 데 더 큰 도움이 된다. 그래서 갈등을 상대적인 것으로 이해하는 입장은 중요하다. '갈등의 상대성 이론'이란 이런 것이다.

한 여인이 가방을 하나 샀다. 그 가방은 남자의 등골을 빼 어깨에 두른 이기심의 상징이 아니라, 본인의 성실한 노동으로 큰 의미를 부여해 구입한 소중한 아이였다. 그녀는 그 가방을 자주 메고 다니지도 못했다. 장롱 속에 고이 넣어두고 보기만 해도 아까운 녀석이었다. 그런데 그녀가 며칠 후 퇴근을 하고 룰루랄라 "우리 애기, 잘 있었어요?" 하며 꺼내어보니, 아니, 이게 무슨 일이란 말인가. 가방의 손잡이 밑으로 3센티미터 정도의 흠집이 나 있는 것이 아닌가. 그녀의 동공은 확장되고, 심장 박동 수는 올라가고 혈압은 최고치를 기록하고야 말았다. 이 흠집의 출처는 그녀의 동생. 몰래, 그것도 딱 한 번 이 가방을 메고 나간 그녀의 여동생은 지하철에서 로큰롤을 사랑하는 낯선 남자를 만나게 된다. 인산인해를 이루는 동대문역에서 내리는 문이 오른쪽인지 왼쪽인지 헷갈렸던 그녀와 지하철로 올라서려는 남자가 맞부딪친 것이다. 그녀의 동생은 내릴 곳을 놓치지 않으려고 과격하면서도 속도감 있는 하차를 시도했다. 그러다가 로큰롤을 너무나 사랑해 주렁주렁 철제장식들을 달아놓았던 남자의 배낭에 가방이 걸려 긁히고야 마는 비극적 참사가 일어난 것이다.

이 이야기의 끝은 어떻게 되었을까. 아, 상상만으로도 등골이 서늘해진다. 언니의 가방을 그 지경으로 만든 동생의 운명은 어떻게 될까. 잠시 가정해보고자 한다. 이 상황을 맞닥뜨린 언니의 컨디션을 두 가지 경우로 나누어 상상해보자.

첫 번째 상황: 언니의 컨디션이 '최하'일 경우

가방이 그 꼴이 된 것을 알게 되기 11시간 전, 언니는 이런 일을 겪는다. 출근해서 자리에 앉자마자, 지난 주 거래처에 제안서를 넣으며 행사 일시를 잘못 기재하는 엄청난 실수를 했음을 깨닫게 되었다. 어떻게든 수습하고자 컴퓨터를 작동시키는 손가락에 경련이 일어나고, 입이 바짝바짝 탄다. 그 일로 언니는 온종일 상사들에게 불려 다니며 깨졌다. 점심식사 따위는 이미 안중에도 없다. 내가 무슨 자격으로 밥을 먹는단 말인가. 결국 퇴근 즈음 화장실에서 한바탕 눈물 콧물 쏟아냈다. 화장실에서 한참 눈물 진도를 빼고 있을 때, 드라마의 한 장면처럼 대화 소리가 들려왔다. 언니가 찍어두었던 재무팀 김 대리, 믿음직하기 그지없던 김 대리, 입사 후 단 한 번의 스캔들도 없었던 김 대리가 여우 같은 제작팀 최 주임과 사귀기 시작했다는 청천벽력과 같은 소식이 말이다. 언니는 그렇게 힘겹고 버거운 하루를 버티고 퇴근하였던 것이었다.

자, 이날 언니가 가방 사태를 알게 되었다고 가정해보자. 과연 언니의 동생은 어떤 최후를 맞이할까?

131

여동생은 이날 상징적으로 말해 '거의 죽는다.'

"야, 당장 나가서 똑같은 것 사 와!"
"언니, 내가 돈이 어딨어. 엉엉."
"그건 네 사정이지. 카드 있지? 현금 서비스 받아와. 지금 당장! 네가 아주 카드깡을 해봐야 정신 차리지, 당장 안 나가?"

용서는 없다. 집행유예도 없다. 정상참작도 없다. 오직 혹독하게 치를 대가만이 존재할 뿐이다. 이런 날엔 부모님도 언니를 말릴 수는 없다. 싸움을 감지한 아버지가 나와 한마디 하신다. "왜 그래? 다 큰 것들이."
하지만 이내 아버지는 어머니에게 끌려들어가고야 만다. 어머니는 아버지보다 눈치가 빠르고 상황판단도 빠르다. 어머니는 언니를 잘 안다. 정확히 말해 꼭지가 돌 때의 언니를 너무나 잘 아는 것이다. 어머니는 이 사태에 결코 휘말려서는 안 된다는 것을 알고 있다. "아유, 여보, 어여 들어와. 애들 일은 애들이 알아서 허겠지."
비겁한 어머니여. 그러나 그녀는 참으로 지혜로운 분이시다. 그렇게 동생은 엄동설한에 혼자 남겨진다.

두 번째 상황: 언니의 컨디션이 '최상'일 경우

가방이 그 꼴이 났다는 것을 알기 11시간 전, 언니는 이런 일을 겪는

132

다. 일단 출근하자마자 진행된 연봉 협상이 성공적이었다. 게다가 회사 프로젝트가 잘 되어 특별 상여금이 지급될 것이라는 아주 바람직한 이야기도 들었다. 가뜩이나 기분 좋은데 생뚱맞게 김 대리에게 문자메시지가 왔다. "퇴근 후 시간 괜찮으시면 30분 정도 뵐 수 있을까요?"

여성들과 관계 깔끔하기로 소문난 김 대리. 술을 목구멍에 들이부어도 끝내 매너만이 남는다는 그 김 대리. 신은 구두조차도 맵시 쩌는 김 대리. 기획안 잘 만들기로 유명한 김 대리, 이 멋진 남자. 이 탐나는 남자. 언니가 1년 전부터 침 발라 놓았지만 용기내지 못했던 남자. 바로 그 남자 김 대리가 왜 만나자고 하는 것인가! 무언가 무겁고 어려운 부탁을 하려나. 근데 왜 하필 퇴근 후에? 혹시 썸? 아니지, 그럼 왜 30분만 만나자는 거야. 언니는 혼란과 설렘과 의문이 혼재된 생각을 멈추질 못한 채 퇴근해 그를 만났다.

"저기… (이때 머리카락을 쓸어 넘기는 길고 하얗고 부드러운 김 대리 손가락이 등장한다.) 그냥 저도 떨리니까 본론만 말할게요. 사실 지난 워크숍 때부터 좋아했었요. (언니, 마시던 커피를 뿜으며 눈을 동그랗게 뜬다.) 그동안 제 감정이 어떤 것인지 일시적인 것은 아닐까 많이 고민했는데, 이제는 고백할 수 있을 것 같아요. 그래서 준비했어요, 우리의 커플링. 저 당신과 특별한 관계로 만나고 싶어요. 생각해보시고 괜찮겠다 싶으면 이 커플링 끼시고 메시지로 사진 한 장 보내주세요. 그럼 우리 둘의 계약이 성사된 것으로 알겠습니다."

언니는 머리에 꽃을 꽂고 구름 위를 걷는 여인처럼 터지는 웃음을 절제하지 못하고 집으로 돌아왔다. 정말이지 아름다운 밤이었다.

"어머, 가방이 찢어졌네?"

"언니⋯. 미안해, 용서해줘. 두고두고 갚을게. 하라는 거 다 할게."

"이 자식, 이거 갖고 싶었쩌? 이거 너 해. 10년치 생일 선물 한꺼번에 주는 거다."

5년째 비어 있던 그녀의 네 번째 손가락에 터를 잡은 커플링만이 반짝일 뿐, 동생의 신변엔 어떤 일도 일어나지 않는다.

갈등의 상대성 원리

동생으로 인해 가방에 흠집이 난 사실은 변하지 않았다. 단지 그 사실을 대하는 언니의 컨디션만이 바뀌었을 뿐이다.

우리가 겪는 갈등의 대부분은 이렇게 상대적이다. 남녀 관계에서도 그렇다. 퇴근하고 4시간째 멍하니 있는데, 우리 오빠에게 문자 하나 안 오면 짜증이 나고 '이 사람이 날 사랑하나' 의심스럽다. 그런데 요즘 내가 미친 듯이 빠져 있는 드라마 마지막회가 한창 진행 중일 때, 공항에서 남주인공과 여주인공이 재회를 하느냐 마느냐 하는 순간에 우리 오빠한테 전화가 오면 조용히 수신거절을 누른다.

우리나라가 일본과의 축구 경기에서 이긴 날, 아내가 홈쇼핑에서 코트 하나 사려고 하면 "그래, 인생 뭐 있냐. 이왕이면 예쁜 거 사. 근데 할부로 사"라고 말하지만, 처참히 패배한 날 아내가 뭐 좀 하나 사려고 하면 "당신, 아직도 결혼 전 과소비 습관이 남아 있는 것 아니야? 아 몰라, 알아서 해!"라고 말한다.

관계에서 '나의 컨디션'은 그만큼 중요하다. 그러니 남녀 관계에서는 '기준'과 '법도'와 '균형'과 '질서'는 존재하지 않는다. 모든 것이 상대적이다. 오빠와 5시간 동안 연락이 안 되어 완전히 열받은 여자가 있는가 하면, 어떤 여자는 그런 것에 매우 초월해 있다. '나'니까 열받는 것이다. 상대적이라는 것을 인식하지 못할 때, 한쪽은 절대선이 되고 상대는 절대악이 되어 심판의 피바람은 매일같이 분다.

직장생활을 할 때도 '정말 그 인간만 아니면 진짜 다닐 만하겠다'를 매일같이 상기시켜주는 사람이 있을 것이다. '또라이 질량 보존의 법칙'이라는 게 있단다. 어느 조직이나 적정량의 또라이는 반드시 존재한다고. 만약 당신 생각에 '우리 회사엔 또라이가 없는 걸?'이란 생각이 든다면, 그땐 바로 당신이 또라이일지도 모른다.

받아들이고 이해할 수 없는 존재는 어디에나 있기 마련이다. 공존해야 한다면 나의 품을 넓히는 수밖에 없다. 두 가지 말을 기억하면 정신건강에 도움에 될 것이다.

'사람들은 가지가지, 각양각색, 형형색색이다. 이것을 가슴 깊이 인정하고 받아들이는 것을 포용력이라 한다.'

'갈등은 상대적이다.'

그러니까 앞으로 이해할 수 없는 누군가의 언행을 목격할 때마다 속으로 되뇌어보자. '그럴 수도 있지'라고.

'왜 저래? 아니, 상식적으로 그게 말이 돼?'라는 생각은 모두 '나의 기준'이 법이 되는 순간이다. 이 법으로는 포용할 수가 없다. 포용성을 가지고 '가지가지'와 공존하고 소통할 수 있다면 당신은 이 사회에서 그 어느 조건보다 강력한 스펙을 소유하게 될 것이다.

'진심 소통'을 위한 팁

직장에서

- 도무지 이해할 수 없는 사람이 있는가? '가지가지'에 대한 포용력을 가져보자.
- '그럴 수도 있지'는 무엇보다 나의 정신 건강을 위해 필요한 말이다.

연애할 때

- 그를 향한 갈등은 당신의 입장에서 절대적인 선인가, 아니면 상대적인 것인가.
- 애인과 싸울 때 분이 풀릴 때까지 남자를 족치지 않도록 한다. 갈등은 상대적이니까.

가정에서

- 가난한 동생에게 가끔 자진해서 극진한 아량을 베푼다.

이상형은 없다

▼

유치원 때 나의 꿈은 간호사였다. 일단 내 눈엔 간호사복이 참 예뻐 보였고, 위인전기로 몇 번이나 읽은 나이팅게일이 너무 좋았다. 초등학생 때 꿈은 없었다. 청소년기의 내 꿈은 라디오 작가였다. 그리고 대학 시절의 꿈은 구호단체에서 일하는 것이었고, 대학을 졸업한 후에는 남녀 관계로 고통 받는 이들을 돕고 싶었다. 변화무쌍한 내 꿈의 조각들은 내가 어떤 인간인지를 알아가면서, 노력하면 할 수 있는 것과 노력해도 할 수 없는 것으로 분리되고 정리되었다. 인생도 유한하고 나도 유한하니, 남겨진 시간에 힘을 쏟았을 때, 가장 좋은 결과를 얻을 수 있는 꿈으로 나의 에너지는 집중되었다.

운이 좋게도 나는 20대의 꿈을 40대를 맞이하며 어느 정도 이루게 되었다. 그런데 이게 뭔가, 내 생각하고는 달랐다. 꿈의 덩어리 안으로는 들어왔으나, 디테일한 부분은 예측할 수도 상상할 수도 없었다.

옛날엔 비행기를 타고 출장 가는 여자들이 그렇게 멋있을 수가 없었다. 나도 언젠가 저렇게 멋지게 또각 구두를 신고 정장을 입고 비행기를 타고 일을 하러 다닌다면 얼마나 좋을까 생각했다. 그런데 그 꿈이 현실로 이루어지니 그림이 그게 아니었다. 지난해 15번 정도 비행기를 탄 것 같다. 그런데 또각 구두를 신고 비행기에 올라탄 경우는 많지 않았다. 일단 항상 배가 고팠고 샌드위치나 커피로 끼니를 때울 때가 많았다. 아니면 집에서 삶아온 계란을 공항 의자에 앉아 까먹었다. 언제나 피곤했다. 아침 비행기를 타는 날에는 자는 아이를 업어다가 어린이집에 내려놓고 왔다. 하루 종일 안쓰러운 마음이 가시질 않았다. 비행기를 타도 바깥 풍경 한 번 바라보지 않고 타자마자 자기 시작해 착륙할 때 눈을 뜨는 일이 다반사였다. 그러면서 알게 되었다. 꿈도 일상 속에 있다는 것을. 꿈은 유토피아가 아니라 내가 매일 매일 감당해야 하는 일상 속에서 공존한다는 사실을 깨달아갔다. 꿈을 이루면 동화책의 마지막 페이지처럼 인간사 모든 걱정이 사라지고 모두가 행복해지는 것이 아니라는 것을 알게 되었다. 이룬 꿈의 무게만큼 고민과 문제의 무게도 함께 는다는 것을 알게 되었다.

어쩌면 지금 내가 하고 있는 일은 '이상'이라고 생각했던 일, 그 이상의 것이었다. 그런데 그만큼 상상치 못한 다른 얼굴도 대면해야 했다. 경쟁해야만 하는 상황에 놓일 때가 많았고, 비난도 당해야 했고, 또 누군가는 나 때문에 상처받는 일도 생겼다. 뒤통수를 맞는다는 것이 무엇인지도 제대로 배웠다. 누군가는 나를 막연히 좋아했고 누군가는 나의 변화를 혼란스러워했다. 목적 있는 인간 관계망들이 생겨나기 시작했고 또 그 와중에 뜻밖의 우정을 만나기도 했다.

파랑인가 싶으면 초록이었고 초록인가 싶으면 주황인 일상이 연속적으로 펼쳐졌다. 개인적으로는 많은 혼돈과 혼란의 시기였다. 여전히 이 일을 좋아하고 열심히 할 예정이지만 이 마음을 다시 다잡기까지 나는 '이상'이었던 내 일과 꽤 많은 싸움을 했다.

'너는 내가 생각했던 그 일이 아니야' 할 때마다,

일은 이렇게 대답했다.

'그건 너의 착각이지. 그러면 그 정도 각오와 생각도 없이 나를 선택한거야?'

당신에게 필요한 것, 맷집

일은 우리의 생각과는 다르다.

그토록 노력해서 얻은 일, 노력해서 취한 직업은 정말이지 내가 생각했던 것과 너무나 다르다. 같이 일을 하는 사람들이 내 인생의 안티가 되기도 한다. 일 자체가 너무 고되기도 하고, 누구를 위해 이 고생을 하는지, 반복되는 일상에 지치기도 한다.

그래서 어떤 이들은 다니던 회사를 때려치우고 멋지게 새 일을 찾아 떠난다. HR KOREA의 조사에 따르면 직장인의 46.7퍼센트가 연봉 불만족으로 권태기를 느끼고, 18.47퍼센트가 동료와의 불화 때문에 권태기를 느낀다고 한다. 떠나는 것도 상당히 용감하다고 생각하지만 그래도 최소한 2-3년을 한 직장에서 버텨보는 내공이 필요한 것 같다. 누군가 그러더라. 한 번 때려치우는 것이 어렵지, 다음부터는 쉽다고. 그러다 보면 그만두는 것도 중독이 된다고. 공감 가는 말이었다. 모든 일에는 이면이 있다. 그리고 그 이면은 우리를 지치게 한다. 그런데 이 세상에 이면이 없는 일은 없다. 요즘 나는 매일 다른 직업군의 사람들을 만난다. 어떤 날은 의사들을, 어떤 날은 금융권에 있는 사람들을, 어떤 날은 대학생들을, 그리고 어떤 날은 동네 엄마들을, 어떤 날엔 방송가의 사람들을 만난다. 그리고 그들 모두는 다 각각의 어려움과 애로사항을 가지고 살아간다.

그곳에 가면 모든 것이 지금보다는 더 나을 것 같아도 그곳에 또 어떤 복병이 숨어 있을지 알 수 없는 일이다. 옮겨가는 것을 반대하는 것은 아니다. 하지만 일단 맷집을 키우고, 견디고 감당하는 내공도 키우라는 것이다.

그리고 우리는 견디기 위해서 '의미'와 '가치'를 찾아야 한다. 내가 그 일을 하는 의미, 내가 그곳에 있는 의미와 가치를 찾아야 버틸 수 있다. 그리고 의미와 가치는 당신만이 찾을 수 있다.

난 개인적으로 일의 의미와 가치는 그 사람의 태도가 결정한다고 생각한다. 얼마 전에 전설의 도어맨으로 유명한 콘래드 서울의 권문현 지배인의 인터뷰 기사를 읽었다. 웨스틴조선 호텔에서 36년을 일하고, 정년 후에 다시 콘래드 서울 객실팀으로 스카웃 된 전설의 도어맨 권문현 지배인. 그는 더운 날이나 추운 날 택시에서 손님이 내릴 때는 일부러 1-2분 문을 늦게 열어주며 손님이 영수증을 편히 받을 수 있는 시간을 벌어주기도 하고, 손님이 택시에 물건을 두고 내렸을 때를 대비해 차 번호는 꼭 메모를 해둔다고 한다. 이런 식으로 매사에 최선을 다했던 권문현 지배인은 이제는 그 누구로도 대체할 수 없는 전설의 수문장이 되었다. 1977년 가난을 피해 서울로 상경한 벨보이를 전설로 만들어낸 것은 다름 아닌 권문현 지배인의 태도가 아니었을까.

작은 것을 결코 작게 생각하지 않았던 그의 큰 생각과 성실하고 우직했던 태도가 오늘의 그를 만들었을 것이다.

보통 사소한 일을 맡기면 대충 하려는 사람들이 있다.

'내가 이 정도의 일을 하려고 그렇게 고생하며 공부해서 이 회사에 들어온 줄 알아? 다른 일을 줘. 보다 더 나의 가치를 증명할 수 있는 일다운 일을 달란 말이야.'

사회에서 일은 유기체처럼 돌아간다. 사소한 일은 단 하나도 없거니와, 만일 당신이 당신에게 맡겨진 일을 사소한 일이라고 생각해서 무시했다면, 사람들은 절대 더 중요한 일을 맡기지 않을 것이다. 사소한 일도 못 해내는 사람에게 큰일을 절대 줄 수 없기 때문이다. 이런 의미에서 일의 의미와 가치는 개인의 태도가 결정한다. 내가 이 일을 왜 하고 있는가도 중요하지만, 내가 이 일을 어떤 태도로 하고 있는가도 중요하다.

사랑에 이상형이 없듯이 일에도 내 입맛에 딱 맞는 일은 없다. 사랑을 할 때도 만나는 족족 상대방의 단점만을 찾아내며 불만족한 사람들의 인생에는 사랑이 없듯이, 하는 일마다 불평불만만 찾아내는 태도는 자기 분야에서의 성장도, 성공도 결단코 만들어낼 수 없다.

당신은 당신이 생각하는 것보다

훨씬 더 많은 것을 소유한 사람이다.

요리하는 남자, 운전 중인 여자

"서로 다른 장르의 음악을 혼합하여 만든 것."

크로스오버의 사전적 의미이다. 내가 크로스오버를 또 다르게 정의할 수 있다면 '직장에서, 연인에게, 언제나 매력적인 사람이 되기 위해 필요한 자기계발 능력'이라 명명하고 싶다.

음악에도 장르가 있듯 사람에게도 장르가 있다. 예의 있는 사람, 도발적인 사람, 자신감 넘치는 사람, 시크한 사람, 싸가지 없는 사람, 유약한 사람, 강인한 사람 등 사람들은 누군가를 인식할 때 카테고리를 분류한다. 그리고 그 분류 범주를 벗어나면 이런 말을 하는 것이다. "왜 이래 너답지 않게."

그런데 '나답지 않다'는 말이 부정적인 게 아니라, 나의 고정된 습성을 버리고 새로운 세계로 뛰어드는 것을 뜻한다면, 그것은 꽤 매력적인 요인, '자기의 재발견'이나 '자기 성장'이 될 수 있다고 생각한다.

사람들은 오랜 시간 타인들이 준 메시지 속에서 자신의 이미지를 형성하고, 이를 믿기 시작하고, 믿는 만큼 행동의 범위를 정한다.

주입된 '나다움'이라면

나는 아들이 하나 있는데 또래의 다른 남자아이들보다는 신체적 행동범위가 비교적 적은 편이다. 특히 높은 곳에서 내려올 때는 웬만해서는 뛰어내리지 않고 뒤로 기어 내려온다. 놀이터나 키즈 카페에서도 아이는 높은 곳에서 내려올 때, 뒤로 돌아 발끝으로 더듬어 착지 지점을 확보한 후 하강한다. 그런데 그럴 때 간혹 주변에서 이런 멘트를 서슴없이 날리는 어른들이 있다.

"에이~ 너, 겁이 많구나!"

엄마로서 그 말을 들으면 '대체 우릴 언제 봤다고 저런 말을 하나' 싶어 기분이 상한다. 그렇다고 티를 내기엔 속이 좁아 보여 그냥 지나간 적이 몇 번 있었다.

그런데 어느 날 아이가 물었다. "엄마… 나는 왜 겁이 많아?"

아마도 몇 사람의 말이 아이의 마음에 남아 있었나 보다. 짠했다. 그래서 대답해주었다. "너는 겁이 많은 게 아니야. 그런 건 조심성이 많다고 하는 거야."

아이의 얼굴은 밝아졌고 자신에 대한 또 다른 믿음이 생겼다는 것을 느낄 수 있었다. 타인이 보는 시선은 자신만의 장르를 형성하는 데 꽤 큰 영향을 미친다. 아이가 '나는 겁이 많은 사람이야'라는 그릇되지만 견고한 자기 신념 위에 서게 되면, 아이는 사사건건 소심하고 겁 많은 사람으로 자랄 가능성이 크다. 상상만으로도 마음이 아프다.

그렇게 사람들은 타인에 의해 스스로를 규정하는 경우가 많고, 그래서 종종 사람들은 전혀 다르게 자신을 오해하기도 한다. 그래서 보통 사람들이 자기 자신에 대해 "제가 이런 걸 좋아하는지 오늘 처음 알았어요"라거나 "제가 이 일을 전혀 좋아하지 않는다는 걸 그때서야 깨달았습니다" 같은 반전의 고백을 하게 되는 것이다.

인간에게 주어진 평생의 숙제 중 하나가 바로 자기 자신을 알고, 자아와 진정한 사귐을 가지는 일이 아닐까 생각한다. 세상엔 워낙 볼 것도, 들을 것도, 가르쳐주는 것도 많으니, 자신이 어떤 존재인지 제대로 알기도 전에 주입되는 것이 많다. 그렇게 자기 자신을 알지도 못하고 평생을 사는 사람도 많다. "당신은 어떤 사람인가?"라고 정의할 때, 그 정의는 확고하고, 영원불변하며, 고유한 것인가?

자기 자신에 대해 알기 위해서는 어떻게 해야 할까. 새로운 환경에 자신을 노출시켜 보는 것이 자신을 알아갈 수 있는 한 가지 방법이다. 여행을 안 다니는 사람은 여행을 가보고, 20년 동안 한 집에 살았던 사람은 이사도 가보고, 만날 고급 레스토랑만 다니는 사람은 길거리 음식도 먹어보고, 분식만 먹던 사람은 과감히 한정식 코스도 먹어보고, 운동을 싫어하는 사람은 자전거 타기에 도전도 해보고, 매일 빈손으로 퇴근하던 사람은 붕어빵이라도 한 봉지 사가지고 집으로 들어가고, 계산할 때 먼저 돈을 꺼내지 않으면 그 시간을 잘 못 견디는 사람은 누군가에게 먼저 밥을 사달라고 해보기도 하고, 한 달 동안 열 마디도 안 하고 사는 아버지와는 오늘이 지구 최후의 날이라 생각하고 영화도 한 번 보러가고…. 새로운 환경에 자신을 한번 내던져보는 것. 그런 모험의 시작이 자기 자신을 풍성하게 알아가는 중요한 행동이 된다.

그때 어쩌면 화들짝 놀랄 만큼 새로운 자아와 마주하게 될지도 모른다. 그리고 그렇게 발견한 자신의 모습은 매력적으로 다가올 것이다.

일명 반전매력이라는 것이 있다. 동인가 싶으면 서이고, 서인가 싶으면 동인 사람. 홀수인가 싶으면 짝수 같은 사람은 매력적이다. 분홍색 샤랄라 원피스만 입고 다니던 청순한 그녀가 지리산 정상까지 겁나 쌩쌩하게 올라갈 때, '뭐여, 원더우먼이잖아' 하며 정신이 멍해진다. 울끈불끈 근육질의 남자가 손으로 입을 가리고 호호 웃을 때, 놀랍도록 신선하다. 아파서 결근한 날 피도 눈물도 없던 부장님이 몸조리 잘 하라고 안부전화 할 때, 이 인간을 내가 오해했었나 싶다. 평소에 말을 걸면 대답도 제대로 못하던 막내 사원이 홈쇼핑 호스트처럼 프리젠테이션을 잘할 때, 저 자식의 정체는 무엇인가 하며 위기감이 느껴진다. 이와 같은 반전매력, 일종의 크로스오버이다. 어떤 사람이 예측 가능한 캐릭터로 존재하기보다 다양한 반응과 모습을 구현할 때 매력이 따른다. 그러니까 당신은 당신이 스스로 생각하는 것보다 훨씬 더 많은 것을 소유한 사람일 수 있다. 당신의 다양성과 다기능을 스스로 경험하라.

그리고 이런 깨달음이 있어야 일에서도 도전하고, 감당하며, 삶의 다음 페이지로 넘어가고, 성장할 수 있다.

약간은 무리라 여겨지고, 약간은 암담하고, 조금은 두려운 과제 앞에서 "한번 해보겠습니다"와 "제가 어떻게 이 일을 해요"가 얼마나 큰 차이가 있는지는 말할 필요가 없을 것이다. 할 수 있는 일만 하면 만날 그 자리다. 조금은 도전하고 조금은 모험을 해야 한다.

먼저 다가가도 되나요?

주로 여자들이 하는 고민 중 하나다. 좋아하는 남자가 있다. 찍어둔 남자가 있다. 그리고 이어서 묻는다. "여자가 먼저 다가가도 되나요?" "여자가 먼저 고백해도 될까요?"

가부장적인 통념은 무서운 것이다. 먼저 다가가면 왜 안 되나? 이런 것 역시 자신을 '사랑받는 여성'의 캐릭터에 묶어놓는 행위이다.

물론 현실적으로 남자들의 정서상 막 대놓고 들이대면 부담스러워할 것이다. 하지만 밑져야 본전 아닌가. 누군가 진짜 마음에 든다면 다가가야지 어쩌겠는가.

남녀의 관계가 참으로 지리멸렬할 때는 남자와 여자가 매우 고전적으로 '자기다움'을 고수할 때이다. 남자는 돈을 벌어와야 하고, 여자는 조신하게 아이를 키워야 하는 고전 장르는 얼마나 답답한가. 오빠는 데이트 후 귀요미를 집에 데려다 주어야만 하는 고전 장르는 얼마나 피곤한가. 자고로 남녀 관계가 스펙터클하고 매력이 넘치려면 이 장르를 왔다갔다 넘나들어야 한다.

요리하는 남자, 변기 뚫는 여자, 기념일을 챙기는 여자, 아기 안고 장보는 남자, 간단한 차 정비는 혼자 할 수 있는 여자, 우는 남자, 뒤끝 없는 여자, 쓰레기봉투 야무지게 묶는 남자, 영어사전을 던져 바퀴벌레 잡는 여자…. 크로스오버된 남녀들은 매력적이다.

나도 강의할 때는 시간상 또 편의상, 남과 여를 나누어 많이 이야기를 하는 편이다. 하지만 이제 꼭 덧붙이는 말이 있다. 남자와 여자는 다르기는 하지만 사실, 그렇게까지 다르진 않다고. '어느 정도 다르게 태어났으나, 다르게 양육되어왔다'라는 표현이 더 적절할 것 같다.

> 학문적으로 입증된 성 차이는 다음과 같다. 여아는 남아보다 언어능력이 우수하고, 남아는 시각-공간과 수리 과제에 더 우수하며 남아가 더 공격적이다. 아직 확증되지 않은 성 차이는 촉각적 민감성, 두려움, 수줍음과 불안, 활동수준, 경쟁성, 지배성, 순응성, 양육성, 그리고 '모성적' 행동에서의 차이다. _오토 켄부르크, 《남녀 관계의 사랑과 공격성 정신분석적 이해》

그러므로 크로스오버는 건강한 남녀 관계에 도움이 되는 필수적인 것이다. 데이트를 하다가 지하철에 자리가 나면 누가 앉아야 하는가? 남자도 아니고 여자도 아니고 그날 더 피곤한 사람이 앉는 것이다. 남자도 약골이 있고 여자도 강골이 있다. 사랑하는 여자를 외국으로 유학보낸 남자가 사흘간 우는 게 비정상이라고? 아니, 상실감 앞에 울 줄 아는 남자는 건강하다. 여자는 요리를 꼭 잘해야 하는가? 참으로 얼토당토않은 전제이다. 여성의 유전자에 요리 잘하기는 없다. 유명한 셰프들 중엔 남자가 얼마나 많은가. 남자는 겁이 많으면 안 되나? 놀이기구 타고 토하면 왜 안 되냔 말이다. 남자도 인생이 벅차면 길에 주저앉아 울 수 있어야 하고 여자는 창피해하지 않고 남자의 통곡을 들어줄 수 있어야 한다. 여자가 임신해서 낳기까지 했으면, 상황에 따라 남자가 양육과 살림을 하고, 여자는 직장으로 복귀할 수도 있는 것이다. 설에 시댁에 먼저 갔으면 추석에는 처가에 먼저 갈 수도 있지 않은가. 이렇게 장르를 넘나들 때 남자와 여자는 고정화된 역할극을 하느라 지치지 않고, 서로에게 친구가 되며, 진정한 동반자가 될 수 있다. 이것이 건강한 남녀 관계의 시작이다.

'진심 소통'을 위한 팁

- 당신은 어떤 장르의 사람인가? 그 장르는 어떻게 형성되었나?
- 당신 자신에 대해 의외의 발견을 한 경험이 있는가?
- 의외성의 모습으로 타인들에게 다가가면 당신은 매력적인 사람이 된다.
- 데이트를 하다가 지하철에 자리가 나면 그날 더 피곤한 사람이 앉기로 한다.
- 여자는 반드시 요리를 잘해야 하고 남자는 반드시 운전을 잘해야 하는 것이 아니다. 요리 못하는 여자는 시켜먹을 것이요, 주차를 못하는 남자는 택시 타도 된다.

인간은 서로를 사랑하든지 사랑하지 않든지,
완벽히 이해하는 것은 불가능하다.
단지 상대를 인정하고 받아들일 수 있느냐
절대적으로 거부하느냐의 차이는 있을 것이다.

우리가 태어난 순서

모두가 어려워하고 불편해하는 그 상사를 '참을 만하다'라고 느끼는 부하직원이 있다. 사소한 것 하나라도 그냥 넘어가지 않고 자기 스타일대로 지적하는 팀장을 다들 피곤해하는데, 그런 지적쯤은 그러려니 하며 넘겨버리는 팀원도 있다.

반대로 모두가 괜찮다 칭찬하는 사람인데, 유독 나만 그 사람이 거슬리는 경우가 있다. 다들 그 사람이 재밌고 귀엽다는데 이상하게 나는 그 인간의 일거수일투족이 짜증스럽고 거슬린다.

왜 이럴까? 관계에 있어서 크고 작은 갈등들이 생기는 이유는 다양하다. 특별히 원한을 진 것도 아닌데 이상하게 불편한 사람, 그 모호한 관계의 원인을 찾는 데는 서로의 출생 순위를 아는 것도 도움이 된다.

가족 관계는 다른 사회적인 관계와 소통하는 방식에도 영향을 미친다. 흔히들 외동은 이기적이고 사회성이 결여되고 나누는 것을 모르는 단점을 가지고 있으니, 애는 꼭 둘 이상 낳아야 한다고 말한다. 그런데 이것은 외동이 가지는 일종의 특성인 것이다. 집안에 아이가 둘셋 있다면 문제가 없고 유독 외동만이 이런 고유하고 절대적인 단점을 가진 것으로 간주하면 곤란하다. 양육자의 방식과 가치관, 사회적인 경험들이 이타적이고 배려심이 많은 외동 자녀로 성장시킬 수 있다. 출생 순위는 일련의 특성을 형성한다. 이런 특성들은 첫째라 하더라도 동생과 터울이 몇 년이냐에 따라 다르고, 형제들의 성별 배치에 따라서도 다르고, 부모들의 양육방식에 의해서 달라지지만 일반적인 특징들이 있다. 대니얼 파페로의 책을 참고하여 정리한 특징은 다음과 같다.

- 첫째는 책임감이 강하다. 언니 오빠의 역할을 하면서 자신이 누군가를 돌보고 책임지는 경험을 했다. 동생이 구슬을 입에 넣진 않는지, 아이들을 보살피면서 책임감은 강화된다. 대신 책임에 뒤따른 걱정이 많고, 상황을 통제하려는 속성이 있다. 더불어 책임감이 강한 만큼 걱정도 많은 것이 첫째의 특징이다. 첫째는 대부분 열심히 일하고 성실하며 긴장을 많이 한다.
- 둘째, 혹은 셋째는 출생 순위 자체로 정체성의 혼란을 겪는다. 가족의 사랑을 받기 위해 경쟁 구도로 가다가, 자신이 어떤 위치에서 어떤 모습을

해야 할지 몰라 정체성에 혼란이 온다. 대개 중간의 아이들은 관심을 상대적으로 적게 받고 묻어간다. 자신은 옷을 물려 입는데 언니와 동생은 새 옷을 입는다. 가운데에서 독자적인 사랑을 성취한 경험이 적은 둘째와 셋째는 독립성이 결여될 가능성이 있고 불공평에 대해 민감하다. 그러니 만일 아이가 셋이라면 둘째 아이는 따로 데리고 나와 아이스크림을 사준다든지 하는 특별한 존재로 보살핌과 존중을 받는 경험을 하게 해주는 것이 큰 의미가 있다.

- 막내는 어른이 되어서도 보살핌을 받게 되는 소중한 존재이다. 막내는 부모들이 이미 양육의 경험을 많이 가진 상태에서 출산을 했기 때문에 대게 편안한 양육을 경험한다. 기대도 덜 받고 그저 존재 그 자체로 사랑을 많이 받는 경험을 한다. 하지만 때로 자제력이 약하다. 그리고 어떤 만화를 볼 것인지, 어떤 젤리를 먹을 것인지, 누나와 오빠들이 대신 결정해주는 경우가 많았기 때문에 무언가 스스로 결정을 해야 할 때 어려움을 느끼는 경향이 있다.

- 사람들은 외동이 '이기적이다'라는 선입견을 가지고 있지만, 궁극적으로 첫째 아이의 특성을 많이 가지고 있다. 외동은 경쟁하지 않았기 때문에 오히려 관계에 여유가 있다. 외동아이들을 잘 관찰해보라. 부모에게 나누는 것에 대한 가르침을 받은 외동은 사람들의 편견과 달리 장난감을 잘 빌려주고 과자도 흔쾌히 나누어 먹는다. 허겁지겁 먹지 않아도 자신의 과자가 사라지는 경험이 많지 않기 때문에 여유롭다. 그러나 이불에서 뒹굴고 깔깔거리며 형제들과 친밀하게 지내는 경험을 해본 적이 없고, 어른들과만 살았기 때문에 또래와 깊게 사귀는 것은 그들의 과제가 되기도 한

다. 《보웬가족치료를 위한 짧은 이론서》와 《보웬가족평가를 위한 가족치료 자가 진단서》 참고

이처럼 모든 사람들은 자신의 출생 순위 안에서 관계 맺는 특성을 형성하게 된다. 가족의 분위기, 가족 안에서 받았던 메시지, 또래 집단과의 관계, 애정 관계, 사회적인 성취감, 자기 유능감이 소통에 전반적인 영향을 미치고, 그래서 자연스럽게 또 상당히 흥미롭게 출생 순위도 관계하는 데 영향을 준다.

그 사람, 내 가족과 닮았다

한번은 이런 적이 있었다. 바쁘게 워크숍을 준비할 때였다. 식사 시간이 다 되었는데 나가서 먹기에는 시간이 부족한 상황이었다. 나가서 먹는 것은 불가능하고 김밥을 사다 먹거나 짜장면을 시켜 먹거나 둘 중 하나를 선택해야 했다. 몇 사람 되지 않으니 의견 조율이 간단해야 하는데, 예상 외로 의견 조율은 어려웠다.

김: 식사 먼저 해야겠지?

나: 네, 밥 먹어요. 뭐 먹나?

이: 김밥 사올까요? 시간도 없는데.

나: 그럴까?

박: 아무거나 좋아요.

김: 그냥 시켜 먹자. 짜장면 빨리 오잖아.

나: 오잉? 짜장면? 것도 맛있겠다.

박: 짜장면도 좋네.

이: 그냥 김밥 사올게요.

김: 짜장면 시키지, 그냥.

김밥을 주장하는 '이'와 짜장면을 주장하는 '김'과, 먹는 것을 고를 때는 항상 아이스냐 핫이냐, 짜장이냐 짬뽕이냐로 결정 장애를 겪는 '나'와 '박'. 이 네 사람은 김밥이냐 짜장면이냐를 죽느냐 사느냐의 문제처럼 다루기 시작했다.

정말 별것 아니었는데, 뭔가 살벌한 기운이 생겼다. 내가 느끼기에 김과 이는 팽팽했다. 타협이란 없었다. 김밥이 아니면 멸망이요, 짜장면이 아니면 죽음을 달라였다. 둘은 마치 불도저같이 자신들의 의견을 관철시키려 애썼다.

결국 그날 우리는 짜장면을 먹었다. 김과 이가 팽팽하게 맞서는 사이, 박이 쿠폰 30개를 모은 중국집의 쿠폰판을 찾아냈기 때문이었다. (쿠폰 30개를 모으면 탕수육을 서비스로 준다.)

김과 이는 모두 사람을 잘 배려하고 좋은 사람들이었다. 그런데 이상하게 그들은 사소한 일에서 이런 식으로 팽팽히 맞섰다. 이번 휴게소에서 쉴 것이냐 다음 휴게소에서 쉴 것이냐 같은 단순한 문제, 정수기의 위치가 좌가 좋으냐 우가 좋으냐의 문제 같은 게 생기면 전투가 벌어졌다. 둘이 부딪칠 때마다 그저 눈치만 보던 나는, 어느 날 그 둘이 모두 장남과 장녀라는 것을 알게 되었다. 그것도 사고를 치거나 손이 많이 가는 동생들을 두었다는 공통점이 있었다.

결정해야 하는 상황이 되면 김과 이는 통제하거나 주도하는 일이 몸에 배어 있었다. 그래서 왜 갑자기 그렇게 김밥과 짜장면에 목숨까지 걸며 신경전을 벌였는지, 그런 행동이 인간관계에서 어떤 문제를 발생시키는지 인지하지 못했던 것이다.

출생 순위의 특성이란 이렇게 사소한 문제에서 시작해 큰 관계의 문제로 사람의 발목을 잡을 수 있다.

다른 사람은 다 무서워하는 독불장군 점장님을 대하는 것이 그다지 어렵지 않다면, 아마도 그 점장님은 당신과 사이가 나쁘지 않은 큰오빠나 아버지의 다른 버전일 수 있다. 만날 자기 마음대로 하는 아빠가 짜증나지만, 기본적으로 아빠를 애정하는 마음이 있어 적응하고, 받아들이며, 이해하고 있기 때문에 그와 비슷한 사람을 만나면 그만큼 당신의 해석력이 발휘되는 것이다. 또 다른 사람들은 다 귀엽다고 하는 누군가가 당신에게 짜증스럽기만 하다면, 언제나 귀엽다고 칭찬받고 또 스스로가 귀엽다고 생각하는 둘째언니에 대한 깊은 시기심이 이유가 될 수도 있다.

그래서 사회생활은 더 어려울 수 있다. 내가 관계하는 상사가, 후배가, 나의 조직생활의 질을 결정한다고 하는데 출생 순위까지 그 사람의 성격과 관계에 영향을 준다고 하니 우린 또 어떤 노력을 해야 하는지 예측할 수 없기 때문이다.

나도 통제를 해야 직성이 풀리는 첫째이고, 상사도 통제를 해야 직성이 풀리는 첫째이면, 사사건건 부딪칠지도 모른다. 혹시나 누군가와 정말 이유 없이 긴장 상태가 되는 상황이 몇 번 생긴다면, 가족 관계가 어떻게 되는지 한번 물어보는 것도 서로의 관계를 이해하는 데 도움이 될 것이다. 물론 해결은 되지 않을 것이다. 그래도 '아, 그래서 그랬구나' 하며 깨닫는 것만으로도 당신은 분명 숨통이 트일 것이다. 그리고 앞으로의 생존과 처신 계획을 세울 수 있을 것이다.

물론 한 인간이 만들어질 때는 복잡하고 다양한 원인들이 뒤엉켜 있기 때문에 마치 운명론처럼 형제관계를 운운하며 "야, 너 첫째구나!" 하며 일반화시키거나 비난하진 말자. 조그마한 깨달음으로 마음을 열어가는 과정이라고 생각하자.

불안은 가족 내 형제지위의 특징들을 발현하는 데 중요한 역할을 한다. 형제들 중에서 불안한 맏형은 불안하지 않은 맏형의 경우보다 더 독단적이고 권위적일 수 있다. 여러 형제들 중에서 막내 여동생은 불안하지 않을 때보다 불안할 때 더 무기력하고 나약해질 수 있다. 임상 장면에서 형제지위의 특징들은 개인에게는 자신의 반응적 행동을, 다른 사람에게는 개인행동의 영향을 알게 해준다. 《보웬가족치료를 위한 짧은 이론서》

이처럼 형제지위가 지금 나의 사회생활에서 미치는 영향을 스스로 발견할 수 있다면, 우리는 자신에 대한 통합적인 관점을 가지는 훌륭한 성인으로 성장할 수 있을 것이다.

틀린 게 아니라 다른 것

결혼을 앞두고 이런 고민을 하는 사람이 있다. "나이차가 많이 나요. 괜찮을까요?"

그런데 결혼생활에서 관계와 생활의 질을 결정하는 것은 생물학적인 나이보다 출생 순위가 더 많은 영향을 미친다. 열 살이나 많지만, 기능적인 면에서 도리어 어릴 수 있다. 연하의 남자지만 관계적인 면에서 훨씬 더 어른스러울 수 있다. 누나 같은 연하가 있고, 동생 같은 오빠가 있다. 이혼의 위기를 겪는 부부들도 출생 순위의 특성으로 인해 갈등을 심각하게 겪는 경우도 꽤 많이 있다.

흔히 어른들이 "막내끼리는 결혼하면 안 돼"라는 말을 한다. 삶의 지혜에서 나온 일리 있는 말일지도 모른다. 이타적인 삶이 준비되지 않은, 사랑받는 것을 당연한듯 생각하는 막내들은 결혼생활이 매우 힘들고 불만족스러울 수 있는 것이다. 나이보다 출생 순위가 결혼생활의 갈등

또는 조화의 이유가 된다.

막내딸과 장남의 결합은, 그들이 모두 유전적으로 우수하기 때문이 아니라 가장 편안함을 느끼는 서열의 조합이기 때문에 잘 어울린다. 그들은 서로가 다른 사람이 어떻게 행동할지를 안다. 비록 그들 사이에 문제가 있을지 몰라도, 또 다른 서열을 지닌 짝과의 배합은 더 많은 문제를 야기할 것이다.

대조적으로 자매들 중 장녀와, 형제들 중 장남이 결혼하는 관계다. 이런 경우, 두 사람은 맏이로서의 행동에 너무 익숙해져 있기 때문에 권위적이고, 어느 누구도 가족 내 이성의 형제자매들과 잘 어울리지 못한다. 그들은 서로를 통제하려들거나 이성 배우자를 이해하려고 하지 않는다.

_《보웬가족평가를 위한 가족 치료 자가진단서》

그러니 인간을 통합적으로 이해하고 배우자를 선택할 것인가, 지금의 배우자를 이해할 것인가는 중요한 문제인 것이다.

인간은 서로를 사랑하든지 사랑하지 않든지, 완벽히 이해하는 것은 불가능하다. 단지 상대를 인정하고 받아들일 수 있느냐 절대적으로 거부하느냐의 차이는 있을 것이다. 누군가와 알 수 없는 이유로 관계하기 불편하다면 출생 순위를 알아보는 것만으로도 작은 변화를 추구할 수 있다. 둘 중 하나가 틀려서 그런 게 아니라 '우리가 달리 살아왔기 때문이구나'라고 인정하는 작은 배려가 생기기 때문이다.

- 당신은 몇째인가? 그것은 당신의 사회생활에 어떤 영향을 미치는가?
- 당신과 이상하게 불편한 관계에 놓인 사람이 있는가? 밥을 먹으며 자연스럽게 "가족 중 몇째냐"고 질문해보라.
- 형제지위를 알면 서로를 조금은 받아들일 수 있다.
- 당신도 통제력 강한 첫째, 상사도 통제력 강한 첫째라면 서로의 마음을 이해하는 데 중점을 두라.
- 남녀 관계에서 연인의 생물학적인 나이보다는 형제지위가 더 강한 영향력이 있다.

우리는 한 배를 탄 사람

공 감

소 통

내가 힘이 든 이유를 상대의 단점에서 찾으려는 시도를
끊임없이 하기 때문에,
상대의 문제에 공감을 한다는 일 자체가 난제가 된다.

그랬구나, 그랬구나

혹시나 내가 오프라인으로 연애상담 센터를 열게 된다면, 그 이름을 '공감'이라고 붙이고 싶다. "이렇게 하세요, 아니면 저렇게 해보세요, 여기서 잘못됐군요, 저것이 틀렸군요"라고 말하지 않고, 그저 "그랬었군요"라는 말을 해줄 수 있는 상담사가 되고 싶다. 사람들과 한 방향을 바라보며, 공감과 치유가 일어나고, 새 삶이 시작되는 그런 '공감 공간'을 만들어보고 싶다.

하지만 말은 쉬울지 모르나, 공감은 남의 신발을 신는 것처럼 어색하고 어려운 것이다. 다른 사람은 덥다는데 나는 덥지 않고, 다른 사람들이 배고프다는데 나는 배가 고프지 않고, 다른 사람들은 슬프다는데 나는 슬프지 않고…. 그럼에도 불구하고 같은 방향을 유지해주는 일, "이게 뭐가 추워?" "또 배고파?" "또 울어?"라는 딴지를 걸지 않으면서 공감할 수 있는 사람이 되는 게 그리 쉬운 일은 아니다.

누군가의 이야기를 잘 공감하는 것은 큰 능력이다. 생각해보면 우리는 힘든 일이 생기거나 좋은 일이 생기거나 갑작스럽게 여유가 생겼을 때, 공감을 잘하는 사람을 본능적으로 찾는다.

나보다 더 많은 말을 하면서 잔소리하는 사람은 피곤하다. 반응이 없는 사람은 재미가 없다. 그저 깔깔거리며 웃어주고, 같이 열받아 해주는 사람에게 시시때때로 손을 내밀게 된다. 뒤집어 생각해보면, 내게 공감 능력이 없다면 나는 스스로 고립되는 존재가 될 수도 있다는 말이다.

공감을 잘하는 것은 모든 인간관계, 연애할 때도 직장생활에서도 양육에서도 필요한 능력 중의 능력이다. 일단 공감을 잘하기 위해서는 몇 가지 단계가 있다.

끝까지 잘 듣는 것

첫 번째, 그저 끝까지 잘 듣는 것이다. '아, 이거 또 뻔한 이야기하네' 싶다가도 의지적으로 집중을 해서 듣고 있으면, 사람들의 이야기는 다 다르고 모든 행동의 이유도 다르다. 그렇게 듣다 보면 전혀 생각지 못했던 이야기의 새로운 구석이 있다. 상대방의 이야기는 끝까지 들어야 제대로 된 결론을 내릴 수 있다. '끝까지 듣기.' 생각보다 잘 안 된다. 건성으로 듣게 되고 딴짓 하면서 듣게 된다. 가까운 사람들의 이야기일수록 그렇다.

두 번째, 답을 주지 마라. 사람들은 그저 이야기를 하고 싶어 한다. 지지받고 싶어 한다. 답까지는 필요 없다. 그저 초롱초롱, 그렁그렁한 눈망울로 들어주는 것만으로 족하다. 답이란 상대가 물을 때, "이렇게 저렇게 할까요?"라고 구체적으로 물어볼 때야 당신이 생각하는 답을 이야기해주면 된다. 팁을 하나 드리자면, 답 대신 사용하면 좋은 말이 있다. 잘 듣는 뉘앙스를 주기 위해서는 추임새를 넣어야 하는데 '그러니까'라는 단어를 사용하면 꽤 좋은 추임새 단어가 된다.

"이번 달 또 적자야 적자."
"그러니까."

"과장님, 저희 야근 너무 많은 것 아닙니까? 진짜 힘듭니다."
"그러니까."

"엄마, 나 대학 꼭 가야 돼?"
"그러니까."

"나, 뱃살이 왜 이렇게 안 빠지냐?"
"그러니까."

"그러니까"라는 단어는 꽤 쓰임새가 많다. 상대의 이야기에 반박하지 않고, 또 무시하지도 않고 같은 방향을 바라보고 있다는 느낌을 준다. '그러니까'의 추임새는 대화를 꽤 장시간 흘러가게 해준다.

우리나라에는 판소리가 있다. 조사해보니 춘향가 김세종제 5시간, 만정제 6시간, 정정렬제 7시간, 동초제 8시간이 소요된다고 한다. 그런데 이런 장시간의 판소리가 진행될 수 있는 것에는 장단을 쳐주고 추임새를 넣어주는 고수의 힘이 크다. 고수들은 주로 '얼씨구, 좋다, 그렇지, 잘한다' 등의 추임새를 쓴다. 추임새란 누군가가 이야기를 진행시키는 데 중요한 역할을 한다. 이제 누군가의 이야기를 들을 때는 고수가 되었다 상상을 하고 한번 장단을 맞추어주면 어떨까.

누군가의 이야기를 듣는다는 것은, 반대로 누군가의 이야기를 끌어낼 수 있는 능력이라는 이야기가 된다. 특히 조직의 리더들은 사람들의 진심과 의중을 잘 파악할 필요가 있다. 그래야 문제를 예견하고 대처하고 조율할 시간과 타이밍을 확보할 수 있기 때문이다. 그런데 사람은 권력을 소유할수록 공감 능력은 떨어진다고 하니, 안타깝기 짝이 없다. 스스로 주인공의 자리에서 내려와 훌륭한 조연으로서 고수의 역할을 자처할 수 있는 리더만이 진정한 공감의 리더십이 될 수 있을 것이다.

세 번째는 손짓과 몸짓을 쓰는 것이다. 손가락으로 귀엽게 동그라미를 그린다거나, 심하게 고개를 끄덕인다거나, 오두방정을 떨면서 박수를 친다거나, 엄지손가락으로 최고를 표시해주는 것은 당신의 이야기를 잘 듣고 있다는 적극적인 표시이다. 그런데 반대로 말하는 내내 스마트폰을 만지작거린다던가, 이야기를 들으며 휴지를 갈기갈기 찢는다거나, 낙서를 한다거나, 자꾸 다른 곳을 보면 누가 그런 사람 앞에서 말할 맛이 나겠는가.

앨버트 메라비언Albert Mehrabian 교수가 쓴 《침묵의 메시지Silent Messages》는 '메라비언의 법칙'이라는 비언어적 소통에 대해 다루고 있다. 거기엔 이런 확률이 나온다. 상대로부터 받은 인상을 결정하는 것은, 언어가 7퍼센트, 음색·목소리·어조가 38퍼센트, 시선·표정·몸짓·자세가 55퍼센트를 차지한다는 것이다. 상대에 대한 인상은 비언어적 요소에 의해 주로 형성된다. 꼬고 앉은 다리, 웃지 않는 얼굴, 딱딱한 말투, 정 없는 눈빛이 소통의 질을 결정한다는 것이다.

내가 노력하지 않아도 사람들이 내 진심을 알아주리라 생각하는가. 거의 대부분의 사람들이 돈을 벌며, 연인과 싸우며, 그 와중에 시험을 준비하며, 아이를 키우며, 이번 달 카드 값을 걱정하며 살아간다. 사람들에겐 당신의 진심을 간파할 여유가 생각보다 없다. 당신이 진실을 드러내줘야 겨우 알아차린다. 그러니 누군가 당신 앞에 있는 사람이 중요한 사람이라면 말과 톤과 표정과 자세와 눈빛을 총체적으로 관리하며 집중해서 소통해야 한다.

커피를 한 잔을 마시며, 술 한 잔 기울이며, 담배 한 대를 태우며, 그렇게 누군가를 위해 공감하고 있다면, 당신은 대단한 투자를 하고 있는 것인지도 모른다.

100세 시대를 넘어서고 있다. 긴 인생길 앞에 지금의 후배는 20년 후에도 당신의 후배로서 존재할지는 아무도 모르는 일이다. 우리는 어떤 변화를 맞이할지 예측할 수 없다. 우리가 예측할 수 있는 것은 '모든 것은 예측 불가능하다'라는 것이다.

오늘날 내가 있는 곳에서, 내가 관계 맺고 있는 사람들에게 공감하는 능력, 누군가에게 신뢰감을 주고 편안한 존재가 되고 진실을 끌어내는 능력, 눈에 보이지 않는 그 능력이 당신의 미래를 위해 열심히 움직이고 있다.

공감은 습관이다

연인이나 부부도 마찬가지다. TV에서 이혼 위기에 처한 부부들이 공개 상담을 받는 장면을 보면, 화해의 실마리는 결국 서로에 대한 공감에서 시작한다는 걸 알 수 있다. 갈등 부부들의 실제생활이 나오는데, 남자와 여자는 고래고래 소리 지르면서 싸운다. 욕도 하고 물건도 던진다. 각자 인터뷰를 할 때는 가슴을 치고 분노에 몸을 부들부들 떨고 상대의 무심함에 치를 떤다.

173

그런데 그랬던 부부들이 어이없이 무너지며 눈물샘이 터지는 장면은 다 비슷하다. 상대가 나를 공감해주기 시작하는 시점이다. 계속해서 진행되는 상담을 통해 부부들은 상대를 조금 더 알아가게 된다. 상대의 마음을 느끼기 시작한다.

"계속 듣다 보니 그때 아내가 외로웠겠구나 하는 생각이 듭니다." 남편의 말에 가슴을 치던 아내는 운다.

"저는 저만 피해자라고 생각했는데 남편도 많이 힘들었겠구나. 생각이 들어요." 이 말에 물건을 던지던 남자도 운다.

부부는 현실에서 겪는 많은 문제에 치이면서 서로에 대한 공감 능력이 제로가 되어간다. 내가 힘이 든 이유를 상대의 단점에서 찾으려는 시도를 끊임없이 하기 때문에, 상대의 문제에 공감을 한다는 일 자체가 난제가 된다. 그러나 부부들은 공감에 목말라 있다. 서로가 조금만 공감을 해줘도 가정의 분위기는 바뀐다.

밤 11시에 "배고프다"라고 아내가 말하면 "배는 이미 엄청 불러 있는데?"가 아니고 "그래? 뭐 시켜 먹을까?"라고 물어줘야 한다.

데이트 끝에 "오빠 회사 관두고 싶다"라고 이야기를 꺼내면 "결혼식이 고작 6개월 남았는데 무슨 소리야?"라고 타박 주는 대신, "회사 관두고 싶어?"라고 부드럽게 되물어볼 수 있어야 한다.

"여보, 내 친구 영숙이 집 샀대"라고 말하면 "지금 나 능력 없다는 거 되새겨주는 거야?"라거나 "당신도 집 사주는 남자랑 결혼하지 그랬어"라고 비꼬지 말고 그저 "집 샀대?"라고 기운 없이 되물어주기만 하면 되는 것이다.

공감이란 사실 습관에서 시작되는 능력이 아닐까 싶다. 끝까지 들어주는 습관, 추임새를 넣어주는 습관, 되물어주는 습관이 공감 능력 향상에 도움이 될 것이다. 인간은 성장하는 존재니까 말이다.

'진심 소통'을 위한 팁

직장에서

• 주위에 공감을 잘하는 사람이 있는가? 그 사람이 공감을 잘한다고 느끼는 이유는 무엇인가?
• "그러니까"라는 추임새를 꼭 기억하라.
• 잘 듣는 것은 곧 상대의 이야기를 끌어내는 능력이 있다는 뜻이다. 공감은 리더의 중요한 자질이다.

연애할 때

• 춥다거나 배고프다고 하면 "이게 추워?"라거나 "또?"라며 무안 주지 않고, 그저 다정히 "추워?" "배고파?"라고 되묻도록 하자.

말하지 않아도 알기는 개뿔

옛날 한 과자 광고의 CM송은 많은 사람들에게 소통에 대한 환상을 남겼다.

'말하지 않아도 알아요. ○○파이'

말을 하지 않아도 달콤한 소통이 이루어질 수 있다는 믿음은 현실에서 오해와 부작용을 낳고야 만다. 여자들은 오빠가 나를 사랑하면, 말하지 않아도 내 마음을 알아주어야 한다고 생각한다. 하지만 소통이란 상대에게 정확하게 나의 생각과 느낌을 전달해야 이루어지는 것이다.

사람들은 어릴 때 자신을 키워준 주 양육자와의 소통방식에서 타인과의 소통을 배워나간다. 그런데 앞집이나 뒷집이나 문을 열고 들여다보면, 그렇게 소통이 잘 되고 끊임없이 사랑하며 사는 집은 별로 없다.

아버지들은 기본적으로 침묵의 사나이들이라, 엄마와 소곤소곤 다정하게 이야기하지 않는다. 엄마들은 때로 아버지들을 없는 사람 취급한다. 엄마와 아빠는 함께 사는 이유가 정말 우리 때문인가 싶을 정도로 사랑을 표현하지 않는다.

여러 가지 감정표현이 그대로 수용되지 않았던 가정에서 자란 우리는 어느새 마음속에 있는 단어를 밖으로 꺼내는 법을 까먹게 된다. 그래서 우리는 관계에서 소통하기보다는 그저 생존하고 자신을 스스로 보호하는 법을 배우며 적응해나간다.

그래서 습득하게 된 소통법이 '이중 메시지'이다. 생각하고 있는 색은 빨강이면서 입으로는 초록이라 말하고, 상대가 빨강으로 해석해서 들어주기를 바라는 소통법이다.

"화났어? 미안해"라고 상대방이 말하면 "아니야, 됐어. 피곤해서 그래"라고 대답한다.

마지막 탕수육 한 조각을 집어 먹고 싶지만, "저는 많이 먹었어요. 배불러요"라고 말한다.

며느리들은 주말에는 시댁에 전화를 걸어 시어머니와 서로 이중 메시지 화법으로 놀라운 소통의 신공을 펼친다.

"어머니, 오늘 댁에 갈게요." (정말 가고 싶지 않아요.)

"애 키우고 일하느라 힘든데 뭘 오니. 집에서 쉬어라." (당장 오렴. 집살 때 보태준 돈 잊지 말고.)

"네 어머니."

"그래."

고수들의 대화다. 아내의 이중 메시지와 어머니의 이중 메시지 도합 사중 메시지이다. 새끼를 꼬고 꼰 다음 마지막으로 한 번 더 꼰 메시지의 향연. 사중 메시지의 향연은 남편들이 해석하기에는 너무도 어려운 것이다. 이것이 고부 갈등의 가운데 놓인 남자들의 고통이다. 아내도 어렵고 엄마도 어렵다.

이중 메시지는 서로에게 오해를 불러일으키고 에너지를 빼앗아간다. 게다가 얼마나 슬픈지 모른다.

지오디가 불렀던 노래 '어머니께'의 가사를 생각해보자.

어려서부터 우리 집은 가난했었고
남들 다 하는 외식 몇 번 한 적이 없었고
어머님이 마지못해 꺼내신 숨겨두신 비상금으로
시켜주신 짜장면 하나에 너무나 행복했었어.
하지만 어머님은 왠지 드시질 않았어.
어머님은 짜장면이 싫다고 하셨어.
어머님은 짜장면이 싫다고 하셨어.

가난 속에서 자식을 사랑했던 어머니의 짜장면이 싫다는 이중 메시지 얼마나 슬픈가.

강아지가 크게 짖을 땐 무섭기 때문이라고 한다. 강아지의 이중 메시지처럼 사람들도 진심을 감출 때 이중 메시지를 쓴다. 그런데 당신을 최대한 이해시키고 사랑을 주고받으려면 단일 메시지를 쓰는 방법을 배우고 연마해야 한다. 지오디의 노래를 들으며 생각했다.

'거, 진짜 딱 한 젓가락만 드시지. 그러면 자식들이 그렇게까지 미안해하지는 않았을 텐데.'

단일 메시지를 사용하라

그러면 어떻게 단일 메시지 쓰기를 연마할 수 있을까?

첫째는 내가 무심코 쓰고 있는 이중 메시지 화법을 스스로 발견하는 것이다. 피곤한데 "괜찮습니다"라고 얘기하는 인사치레부터, 화났지만 "괜찮아"라고 말하는 고도의 심리전까지, 이중 메시지를 쓰는 순간들을 포착해서 인지한다.

둘째는 이중 메시지를 쓰려고 하는 순간, 진심을 단순하게 말하도록 노력한다. 먹고 싶으면 먹고 싶다, 가지고 싶으면 가지고 싶다, 자고 싶으면 졸리다, 당신의 욕구를 최대한 있는 그대로 표현하는 것이다. 화가 났으면 "화가 났고 서운하다"라고 표현하는 것이다. 이때, 자존심과 두려움이 엄습할 것이다.

화났다고 말하면, "너처럼 예민한 여자는 싫어" 하면서 떠나면 어떻게 하지?

179

성숙한 인간은 이런 순간에 배고프다고 하지 않아. 지금 이 시점에서 배고프다고 하면 사람들이 나를 어떻게 평가하겠어.

그런데 이런 두려움과 걱정, 자존심을 넘어 한번 표현해보는 거다. 뜻밖의 수용을 경험할 것이다. 사람들은 자신을 정직하게 표현하는 사람을 좋아한다. 언제나 미스터리하고 이면이 있어 보이는, 꿍꿍이가 있어 보이는, 풀어야 하는 숙제 같은 사람하고는 가까이 지내기가 되려 피곤하다.

특히 당신이 누군가의 상사라면 결코 이중 메시지를 쓰지 않아야 한다. 정시에 퇴근하라고 했으면 정시에 퇴근하는 이에게 눈총을 주지 않아야 한다.

점심 먹으러 나가서 "아무거나 먹자"라고 했으면 진짜 아무거나 먹어야 한다. 입으로는 아무거나 먹자고 해놓고 돈가스는 고지혈이라 안 되고, 국수는 먹고 나면 속이 헛헛해서 안 되고, 결국 자신의 입맛에 딱 맞는 부대찌개가 낙점될 메뉴라면 처음부터 "아무거나 먹자"라는 말을 꺼내면 안 된다.

이중 메시지를 쓰는 상사는 말 그대로 이중적인 사람이 되고 믿을 수 없는 리더가 된다. 상사들은 일을 하고 조직을 관리할 때 신경 써서 단일 메시지를 쓰도록 해야 한다. 언행일치는 신뢰의 척도가 된다.

애인에게 화가 났거든 그냥 제발 말을 해라. 버티지 말고 그냥 무너져라. 데이트가 무슨 퀴즈쇼도 아니고 말해주지 않아도 내가 화난 이유, 먹고 싶은 것, 가지고 싶은 것을 알아내라고 계속 퀴즈처럼 소통하면 상대는 지친다. 퀴즈쇼는 일 년에 한번 정도면 족하다.

아이에게 건강이 최고라고 이야기하면서, 공부하려면 잠을 줄여야한다는 이중 메시지는 혼란스럽다.

우리의 일상 속에는 이중 메시지들이 참 많다. 체면 때문이기도 하고, 상처 때문이기도 하고, 인지가 부족했기 때문이기도 하다. 가장 가까운 사람들과 가벼운 것부터 한 발짝씩 단일 메시지를 쓰도록 노력을 해보자. 새끼 꼬지 않아도 되는 일상, 생각보다 편안해서 놀랄지도 모른다.

'진심 소통'을 위한 팁

• 당신이 무심코 사용하는 이중 메시지는 어떤 것들이 있는가?
• 당신이 사용하는 이중 메시지는 소통에서 득이 되나, 실이 되나?
• 말하지 않아도 알아주는 것은 너무나 어렵다. 신의 영역이다.
• 내가 상사인데 아무거나 먹자고 했으면 점심 메뉴가 개구리 튀김이라도 그냥 먹자. 것도 맛있게.
• 그냥 있는 그대로 마음을 표현하는 연습을 하자. 배고파, 외로워, 먹고 싶어, 서운했어….
• 연인이 왜 화났냐고 물으면 "아니야 됐어. 괜찮아"라고 말하지 말자.

근거 있는 칭찬, 긍정적인 피드백은

상대에게 큰 힘이 된다.

칭찬은 김 대리를 춤추게 한다

옛날에 일하던 사무실에서 남자화장실과 여자화장실의 위치가 갑자기 바뀌는 사건이 있었다. 그때 누군가 A4 용지에 이런 말을 써서 붙여 놨었다. "몸에 밴 습관은 생각보다 무섭습니다."

화장실이 바뀌고 한 2주 동안은 웃기고 무안한 광경들이 꽤 자주 펼쳐졌다. 습관은 정말이지 무서워서 여자가 남자화장실로, 남자가 여자화장실로 과감하게 진입하도록 만들었고, 또 그 일은 반복되었다.

습관은 그런 것이다. 무엇인가를 인지하기도 전에 일이 발생하는 것이다. 시계의 위치를 바꾸었는데, 한동안은 계속 예전에 시계가 있던 빈 벽을 자꾸 바라보게 되는 것. 서랍장의 위치를 바꾸어놓고서는 양말을 꺼내려 예전 서랍장을 열어보게 되는 것…. 이런 비슷한 경험들이 있을 것이다.

근거 있는 칭찬, 아끼지 말자

긍정적인 말을 하는 것, 부정적인 말을 하는 것도 거의 습관적이다. 같은 상황에서도 습관에 따라 참 다른 말들을 한다.

사무실에서 잠깐 밖에 나갈 있는데 급히 코트를 빌려 입은 후 돌려주 며 "핏이 진짜 좋더라. 어디서 샀니? 잘 입었어. 고마워"라고 말하는 사 람이 있고, "옷이 무거워. 무거운 옷 입으면 몸이 피곤한데"라며 걱정스 러운 눈빛을 쏘는 사람이 있다.

회의 시간에 잠깐 볼펜을 빌려 쓰고는 "볼펜 진짜 좋다. 잘 썼어"라고 말하는 사람이 있는가 하면 "똥이 많이 나오네"라며 남의 볼펜 배설상 태까지 관심 가져주시는 분들이 있다.

출근하자마자 "좋은 아침이야, 빵 좀 사왔는데, 같이 먹자"라고 말하 는 배려쟁이 상사가 있는가 하면, "아침부터 어째 눈빛들이 썩은 동태 눈깔들이냐"며 멀쩡하게 잘 뜨고 있는 맑간 우리의 눈망울을 생선 눈에 비유해주시는 재주꾼 상사도 있다.

이런 긍정적인 피드백과 부정적인 피드백은 거의 습관적이다. 특히 부정적인 피드백을 일삼는 사람들은 자신들이 부정적인 피드백을 많이 한다는 것을 잘 인지하지 못할뿐더러, 주변 사람들이 받는 정서적인 파 장에 대한 이해도 배려도 각성도 없는 경우가 많다. 그저 말 한마디인데 그 말 한마디가 사람들과의 관계를 얼마나 멀어지게 하는지, 얼마나 관 계를 깨뜨리는지 알지 못한다.

상사를 향한 근거 없는 칭찬은 아부가 되고, 후배를 향한 근거 없는 칭찬은 성장을 방해하지만, 근거가 있을 때 '콕 집어' 한 번쯤 칭찬해주고 긍정적인 피드백을 아끼지 않는 것은 상대에게 큰 힘이 된다.

프랑스에서 리더십 분야의 대가로 알려진 장 프랑수아 만조니 교수는 '셋업투페일 신드롬set-up-to-fail syndrome'에 대해 이야기하면서 긍정적 피드백의 중요성을 강조했다. 셋업투페일 신드롬이란 아무리 일을 잘하는 직원이라고 해도 상사가 '일 못하는 직원'이라고 간주하게 되면, 실제로 일을 못하는 직원이 되는 현상을 표현한 것이다. 인정이나 칭찬, 격려와 같은 긍정적인 피드백을 시기적절하게 받지 못하면 유능한 사람도 실제로 무능해지게 되어 있다는 것이다.

조직의 안정화와 활성화를 위해 리더십들이 상황에 맞게 긍정적인 피드백을 할 수 있는 성품과 안목과 관계의 기술을 가지는 것은 상당히 중요하다.

기업의 리더십들을 위한 프로그램에 강의하러 가면, 쉬는 시간에 하는 사람들의 행동이 다채로워서 자꾸 관찰을 하게 된다. 초콜릿이나 커피를 가져다주는 감사한 분들도 있는 반면, "강사님, 요즘 애들은요. 잘해주면 말을 안 들어요. 쪼아야 돼. 그냥 쪼아야지, 잘해주면 기어올라. 안 된다구 이런 식으로 하면"이라며 돌직구를 날리는 분들도 있다. 그럴 때 참 안타깝다. 교육 담당자들은 조금이라도 좋은 기업 문화를 만들기 위해 돈을 쓰며 강의를 개설했는데, 어떤 분들은 경청하지만, 어떤 리더들은 착한 방법은 절대 아니라고 눈과 귀를 미리 막는다. 그런 분들을 만날 때 나는 한 가지 의문이 든다. '이분들은 단 한 번이라도 좋은 리더를 가진 경험이 있는 걸까? 자신이 이 자리까지 온 것은 누군가의 강력

한 압박을 받았기 때문인가? 그들은 왜 존중이라는 가치를 포기하게 되었지?'

'미생'의 삶을 살아가고 있는 샐러리맨들에게, 혹은 그들이 몸을 담고 있는 조직에서 "기본적인 배려가 있는, 인간을 인간으로서 존중하는 소통을 해봐요"라고 말했는데, 그건 절대 방법이 아니라며 손사래 치는 사람들을 만날 때면 (물론 그들은 소수였지만) 나의 강의는 그들의 바위 같은 마음을 치는 한 알의 계란처럼 느껴졌다.

무서운 상사의 강한 압력은 단기간 동안 성과를 내는 덴 도움이 될 것이다. 하지만 그런 문화는 이 사회를 멍들게 하고 건조하게 만든다. 상대방이 부적절한 행동을 했거나 무책임한 행동을 했을 때, 그 부분을 확실하게 바로잡고 교정하고 가야 하는 것은 중요하지만, 그런 압박을 해야만 일이 돌아간다는 편견은 부정적인 피드백을 계속 이어가게 만든다.

연대하고 대응하라

사실 나도 기업 강의를 하면, 전적으로 직원들의 입장에 서는 강의만을 하기는 어렵다. 기업의 입장과 직원의 조율점을 찾고 중간자의 입장에 서게 되는 경우가 많다. 그런데 이번 장에서 철저히 직원들의 입장에서 한 가지 말하고 싶은 내용이 있다.

비인격적이고 부하직원을 무시하는 상사에 대해서는 그저 비위를 맞추지만 말고 연대를 해서 대응해야 한다는 것이다. 궁극적으로 조직 문화를 살벌하게 하고, 사회를 멍들게 하고, 한 개인에게 정신적인 외상을 입히는 조직의 부적절한 인물에 대해서는, 그 인물에 대한 여론을 만들어가야 하고 함께 대응해야 한다. '마녀사냥'을 하라는 뜻은 아니지만, 각개전투는 상당히 위험하다. 대부분 약한 자가 당하게 되어 있다. 권력과 라인은 정말이지 넘기 힘든 벽이다. 하지만 정당한 여론을 형성하고 대응할 때 희망은 있다.

내가 초등학교 4학년 때쯤, 그때도 따돌림이란 게 있었고 또 유행했었다. 우리 반의 한 아이가 패거리를 만들어 반 아이들을 한 명씩 돌아가며 왕따를 시켰고, 일정 기간이 끝나면 왕따였던 아이를 다시 패거리에 넣어준다. 그러면 왕따였던 아이는 심적 위로를 얻으며 보스인 아이에게 충성했다. 그리고 또 다른 아이가 희생자가 되었다.

그리고 나의 차례가 되었다. 쉬는 시간에 화장실을 다녀오니 연필 네 자루가 모두 부러져 있었다. 내가 타깃이 되었다는 걸 의미했다. 어렸던 나는 그저 당하고, 울고, 많이 위축된 채 그 시간을 견뎠다. 아마 다른 친구들도 왕따를 주도하던 아이가 싫었고, 무섭고, 힘들었을 것이다. 그러나 그 아이의 권력 앞에서 우리는 감히 속마음을 이야기하지 못했다.

그러다가 한 친구가 전학을 왔다. 똑똑했던 그 아이는 우리 반의 흐름을 재빨리 눈치 챘다. 전학을 온 친구는 여론을 형성하기 시작했다.

"왜 희영(가명)이는 아이들을 따돌리는 거야? 이유도 없는데? 그리고 아이들은 왜 가만히 당하고만 있는 거야?"

'희영이가 아이들을 따돌린다. 그리고 우리는 당하기만 한다'라는 어마어마한 진실, 모두가 알고 있지만 한 번도 입밖에 내지 못했던 그 말을 전학 온 친구가 또랑또랑한 눈빛으로 또박또박하게 말했다.

나는 생각했다. '왜 당했을까? 우리는 왜 당하고 있을까? 왜 대응하지 않았을까.' 전학을 온 친구의 한마디에 우리는 계몽되었다. 그리고 연대했다. 그리고 대응했다. 1단계, 하굣길에 그 친구가 다니는 길목에서 기다렸다. 그리고 아주 분노에 찬 어투로 말했다. 우리를 따돌리지 말라고, 이제 우리도 가만히 있지 않을 거라고. 그리고 그 지점에서 친구 중한 명이 격하게 그 아이의 머리채를 한번 잡아 당겼던 것으로 기억이난다. 그리고 2단계, 친구의 집에 전화를 걸었다. 그리고 아이의 엄마와통화를 했다. 희영이가 반 친구들을 따돌려 힘들다고 말씀드렸다.

생각보다 희영이는 약했던 것일까, 엄마에게 호되게 혼이 났던 것일까, 머리채를 잡힌 것이 큰 충격이었던 것일까. 패거리를 해체하지는 않았지만, 적어도 4학년이 끝날 때까지 우리 반에서 왕따는 없었다.

조직마다 상황이 다르기에 이야기하기 조심스럽지만 함께 목소리를내는 것은 우리의 생존에 도움이 된다.

나중에 해도 될 부정적인 말

남녀 관계에서도 긍정적인 피드백은 관계의 물꼬를 좋은 방향으로트는 역할을 한다. 예전에 출판사와 같이 소개팅 워크숍 행사를 한 적이 있었다. 처음 기획을 들었을 땐 솔직히 부정적이었다. 누가 공개적으로 하는 소개팅 워크숍에 온단 말인가. 그곳에 스스로 발을 디딘다는 것은 "저는 정말 찌질입니다"를 만천하에 알리는 것이거늘. 그런데 예상과는 다르게 선착순이었던 신청은 하루만에 마감되었다. 스무 명의 청춘남녀들은 어느 불금에 명동 카페에 모였다. 그리고 원하는 사람은 무대 앞에 준비해놓았던 소파에 앉아, 소개팅 시연을 해보는 것이었다. 이왕지사 거기까지 왔으니, 하며 예상 외로 지원하는 분들이 있었고 소개팅 시연회는 무사히 진행되었다. 그리고 몇 번의 시연회를 하면서 느낀 것이 하나 있었는데, 남자들이 첫인사를 꽤 부정적인 말로 시작하는 경우가 많다는 것이었다.

한 남성은 인사를 하고 자리에 앉기도 전에 "제가 소개팅이 처음이어서요."라고 인사했다. 아… 어쩌란 말인가. 소개팅이 처음인 것을 여자에게 어쩌란 말인가. 여자는 김이 샐 것이며, 그 순간 이후 남자의 모든 행동은 '소개팅을 한 번도 못해서 나오는 행동'으로 보일 것이다.

걸음을 빨리 걸어도 '저러니까 누가 소개 한 번을 안 해주지.' 주문을 신중하게 하느라 시간이 걸려도 '답답해. 저러니까 아무도 소개팅을 안 해주지'라고 남자를 단단히 오해할 수 있다는 말이다.

남자는 "제가 소개팅이 처음이에요."라는 인사는 끝인사로 건네야 한다. 소개팅을 무사히 마치고 집으로 돌아가는 길에 메시지로, "○○씨, 오늘 정말 즐거웠습니다. 그런데 사실 제가 오늘 소개팅이 처음이어서 실수한 것은 없는지 모르겠습니다. ○○씨만 괜찮으시면 저는 또 뵙고 싶습니다"라고 해야 하는 것이다.

이러면 여자의 마음은 어떨까? '어머, 완전 귀엽다.' 여자가 남자가 귀엽다고 느껴지면 끝이다. 귀엽다고 느끼면 정을 주게 되어 있다. 여자는 그런 메시지를 받으면 웬만해서 혼자 간직하지 않는다. 캡처해서 친구들과 나누고 남자의 진심을 함께 공유하기를 원한다. 여자의 친구들은 아마도 '옴마, 순수남이셩' '귀엽네, 정착하는 걸로!' '기다린 보람 있음' 정도의 답변이 올 것이다. 긍정적인 피드백이란 관계에 있어서 중요한 것이다.

사랑 앞에 체면이라니

또 하나, 남녀 관계에 있어서 '체면'이라는 문화는 긍정적인 피드백을 저해하는 요소가 된다.

집들이를 할 때 보통은 아내들이 있는 솜씨 없는 솜씨, 있는 체력 없는 체력 다 동원해 상다리가 부러지게 차려 낸다. 배달음식이 아닌 홈메이드 음식을 대접받은 사람들은 감사한 마음을 표현하고 싶어 하고, 그 중에 가장 넉살이 좋은 이가 나서서 이렇게 한마디 한다. "형수님, 갈비집 차리셔도 되겠어요. 진짜 끝내줍니다."

빈말이든 진심이든 상을 차리며 수고한 이는 그런 넉살 좋은 한마디가 상 위에 더해지면 고맙고 기분이 좋은 법이다. 그런데 꼭 눈치 없는 남편들 중 다른 사람의 칭찬을 자기가 받아쳐서 공을 넘겨버리는 경우가 있다. "야, 그럼 집에서 평생 살림만 하는데. 이것도 못하면 되겠냐."

아내에게 온 칭찬의 공을 냅다 가로채 저 멀리 던져버리는 남편놈의 '체면 차리기', 가장 가까이에 있는 사람은 상처를 받는다. 그냥 그 공을 아내의 주머니에 깊숙이 찔러 넣어주면 얼마나 고마울까. "갈비찜 끝내주지? 이건 아무것도 아니야. 우리 마누라 김치찌개는 내가 돈 내고 먹잖아. 이 세상에 그런 맛이 없다니까."

빈말로 인사치레 했던 사람들은 오버 닭살 멘트에 먹는 게 살짝 걸렸다가 내려가는 부작용이 있을 수 있겠으나, 가장 가까운 사람은 기분이 좋고, 닭살스럽긴 하지만 훈훈한 풍경을 만든다. 그런데 체면이 뭔지 다른 사람들 앞에 면을 챙기느라 가장 가까운 사람에게 무심코 상처를 주는 경우들이 꽤 많다.

오랜만에 딸과 어색하게 걷고 있는데 아는 사람을 만난다. "어이, 딸래민가. 아따 이쁘네."

그러면 그냥 이쁘다고 하면 될 것을 아버지들은 꼭 "머시가 이쁘당가"라고 맘에도 없는 말로 체면을 차린다.

어쩌다가 애인 차에 친구들과 함께 탄다. 고마운 친구들이 "운전 정말 잘하시네요"라고 감사의 인사를 대신한다. 그러면 "완전 드라이브 킹이야" 하면 좋을 것을 "운전만 잘 해"라고 찬물을 끼얹으면 운전을 하는 이와 뒷자리에 앉은 이는 어쩌란 말인가.

긍정적인 피드백과 부정적인 피드백. 이것은 오랫동안 우리 입에 배인 말의 습관이다. 건강한 몸을 위해 식습관을 바꾸고 운동하는, 귀찮고도 어려운 습관을 들여야 하듯이 건강한 관계를 위해서는 긍정적 피드백을 위한 말의 습관을 바꿔야 하는 것이다.

'진심 소통'을 위한 팁

직장에서

- 당신의 언어 습관은 긍정에 가까운가, 부정에 가까운가?
- 당신의 조직 안에서 긍정적인 피드백에 굶주린 사람은 누구인가?
- 권력을 가지고 부정적인 관계 형성을 일삼는 이에게 일대일의 정면대응은 승산이 없다.

연애할 때

- 소개팅에 나가서 첫인사는 긍정적으로 밝게 한다. 한 번 박힌 첫인상이 바뀌려면 60번의 만남이 필요하기 때문이다.

가정에서

- 누군가 아내나 남편을 칭찬하면, 나도 함께 칭찬한다. 체면은 중요하지 않다.

가장 기본적인 언어 세 가지

어쩌면 우리는 유치원에서 배우는 말부터 다시 시작해야 할지도 모르겠다.

친구가 크레파스를 빌려줬을 때 "고마워"라고 말하기, 실수로 친구의 발을 밟았을 때 "미안해"라고 말하기, 길에서 우연히 친구를 만나면 "안녕"이라고 말하기. 우리는 이런 것들을 당연히 해야 하는 것으로 배웠다. 그런데 어른이 되면서 이런 말들은 너무도 당연하고 빤하고 말 안 해도 안다며 그 가치를 빛바래게 한다. 하지만 그런 행동은 관계를 오히려 무색하게 만들어버린다.

너무도 빤한 말들이지만 이런 말들이 관계에서 빠지면 관계는 삐걱거릴 수 있다.

이런 사람들이 있다. 일이 급하게 하나 생긴다. 갑작스러운 보고서일 수도 있고, 거래처 미팅일 수도 있고, 무언가를 알아봐달라는 부탁일 수도 있다. 대개 부탁을 하는 사람들은 시간을 두고 천천히 계획적으로 부탁을 하는 경우는 드물다. 보통은 급하게, 조속히, 황급히 '부탁'이라는 것을 한다.

부탁을 받는 이는 착할 확률이 높다. 만만하지 않은 사람에게 반드시 급하게 처리해야 하는 일을 떠맡기기는 쉽지 않기 때문이다. 또 부탁을 받은 이는 시간이 남아돌지 않는다. 업무에 있어서 착하고 성실한 이들은 없는 일도 스스로 찾아서 하는 경우가 많기 때문이다. 부탁을 받은 착한 이는 자기의 일을 뒤로 미루고 상대의 급한 부탁을 들어준다. 그리고 일은 해결된다. 그런데 문제는 그다음이다. 착한 이는 만만하기에 "고맙다"라는 말을 타이밍 적절하게 듣지 못한다. 서운하다.

"숨이 넘어 갈 것처럼 부탁을 해서, 제가 해야 할 일을 다 미루고 해결해줬죠. 여기저기 전화해서 알아봐주고 서류도 대신 작성해주고…. 그래서 일이 잘 됐어요. 덕분에 저는 일이 밀려 야근했어요. 그래도 중요한 부탁이고 안면 있는 사이라 신경 써서 해줬는데 커피 한 잔을 안 사더라고요. 완전 배신자 타입이에요. 다음에 일할 기회 생기면 절대 안 도와주려구요."

고맙다는 말, 시기적절한 커피 한 잔, 밥 한 끼가 그 사람과의 '다음

관계'를 긍정적으로 만들 수 있건만, 화장실 갈 때 다르고 나올 때 다르다더니, 고맙다는 말을 할 타이밍을 놓치는 것은 안타깝고 유감스러운 일이다.

너무도 당연하다고 생각했던 것들. 남편이나 아내의 월급날, 서로 고맙다고 이야기하자. 아침에 토스트를 구워주면 "밥은 없어?"라거나 "탔잖아"라는 말 대신 먼저 해야 하는 말은 "고맙다"이다. 기념일에 마음에 안 드는 선물 사왔다고 "얼마 줬어?" 하기보다, "고마워"라고 먼저 말해야 한다. 남자들이 아내에게 가장 서운한 것 중 하나가 "고맙다"라는 말을 잘 못 들었을 때란다. 너무도 빤한 말, 고마워. 자주 쓰자.

두 번째 빤한 말, '안녕'

신입 때야 인사를 잘하지만 동료들과 친밀함의 정도가 높아지면 사실 먼저 인사를 건네기보다 인사하는 사람에게 답하는 경우가 많아지는 것 같다. 퇴근 후 집 앞 엘리베이터에서 누군가와 마주쳐도 소리 내어 인사하기보다 한 듯 안 한 듯 말없는 목례만 겨우 하게 된다. 우리는 인사를 먼저 건네는 것에 인색하다.

조직 안에서 밝게 인사하는 것도 사실 잘하는 사람이 있다고 생각한다. 인사하는 데 재능 있는 누군가의 고유한 영역이라고 생각하지, 나 스스로가 '먼저 인사하기 기능'을 스스로 퇴화시키고 있다는 생각은 하지 못한다. 인사 대신 다른 생각들이 인사의 타이밍을 대신한다. 출근해서 자리에 앉으며 옆자리 동료에게 다정하게 인사하는 대신 이런 생각들에 빠진다. '오늘 완전 지옥철이었어.' '만성피로인가. 몸이 왜 이러지?' '아… 지겹다. 매너리즘인가.' '포스트잇이 어디 있더라.' 이런 생각들이 "안녕"이라는 말의 자리를 대신한다.

언젠가 같이 일하는 동료가 원래 가격보다 더 싸게 신발을 샀다며, 신이 나서 이야기했다. 그녀가 오천 원이나 할인받은 이유는 가게에 들어가면서 "안녕하세요?"라고 인사했기 때문이었다. 신발을 계산할 때 사장님의 말씀인즉 "우리 가게에 들어오며 '안녕하세요' 인사하면서 들어오는 손님은 거의 없다"는 것이다.

나는 직업의 특성상 단기간 동안 시작되고 끝나는 프로젝트를 많이 맡는다. 프로젝트마다 만나는 사람도, 그 사람들의 직업군도 다르다. 내 일의 70퍼센트는 새로운 구성원, 새로운 팀과 하게 된다. 대부분이 그렇듯 처음 만난 자리는 서로 어색하다. 머릿속으로 열심히 탐색하기 마련이다. 과하게 긴장을 하거나 눈치를 보는 시간이 흐른다. 그런데 그 순간 공기를 시원하게 만드는 것이 인사이다. 웃으면서 건네는 첫인사가 참 중요하다. 그런데 간혹 인사를 하지 않는 사람들이 있다. 그 사소한 인사가 어려우니 일이 잘 진행될 리가 있겠는가. 경험상 관계 자체를 풀어나가기 힘든 경우들이 있었다.

부부 사이에도 인사는 중요하다. 좀 살았다 하는 부부들은 아침에 일어나서 서로 인사하지 않는다. 바로 화장실로 가거나, 이를 닦거나, 뉴스를 보거나 냉장고 문을 연다.

"오늘 며칠이지?"

"이따 어머니 들르신댔어."

"늦었어, 늦었어."

"언제 와?"

대신에 일단 "잘 잤어? 안녕?"이라고 말하면 얼마나 다정할까.

한 사람이 퇴근하고 집에 들어올 때,

"왜 전화 안 받아?"

"그거 사왔어?"

"왜 이렇게 늦게 와."

대신에 현관으로 나가 반갑게 맞아주며 "왔어?" 하고 인사해주면, 그 한마디에 지친 자의 피로는 풀리고 집은 집다워진다.

마지막으로 빤한 말, '미안해'

아이들과 대화하는 것은 참 신기하다. 수많은 말들이 귀엽고 사랑스럽지만 가장 기특한 순간 중 하나는 아이가 적절한 타이밍에 "미안해"라고 사과할 때다. 아이들이 뭐 그리 큰 잘못을 하겠는가. 고작해야 장난감 블록을 던지거나, 엄마에게 소리를 지르거나, 노트북 자판을 몇 알 빼놓거나, 혹시 아이스크림이 있을까 싶어 냉동실 문을 활짝 열고 그대로 뒀다거나, 치약을 변기통에 다 짠 후 목욕탕 바닥에 버리거나, 중요한 서류에 색칠을 새까맣게 해놓는 정도이다. 부모님이 현장을 목격하고 얼굴이 붉으락푸르락해지기 직전, "죄송해요" 하며 사과를 하는 아이들에게 큰 화를 내기는 어렵다.

타이밍에 맞는 사과는 상대의 분노를 누그러뜨린다. 그런데도 이 사과라는 것을 제대로 하기가 참 어렵다.

강의 중 남자들에게 여자친구나 아내에게 "미안해"라고 하면 보통 어떤 대답이 돌아오냐고 물으면 전국 팔도 모든 남성의 십중팔구가 해주는 대답은 "뭐가 미안한데?"이다. 여자들은 남자들이 "미안해"라고 말하면 그 한마디 말에 담겨 있는 고뇌의 농도와 밀도를 느낀다. 그런데 그 농도와 밀도가 만족스럽지 않을 때 여자들은 "뭐가 미안한데?"라고 쏘아붙이게 되는 것이다. 남자들이 알아들을 수 있도록 잘 설명해주면 좋으련만 여자들에겐 그게 또 그렇게 어렵다. 어쨌든 이런 상황에서 무사히 사과할 수 있는 방법은 어떤 걸까?

적절한 타이밍을 놓치지 마라

'적절한 타이밍'이다. 사람은 어느 정도 자기 속상한 이야기를 해야 "미안해"라는 말을 들은 여유가 생긴다. 그러니까 일단 들어야 한다. 여자들이 화가 나서 폭발할 때 이야기를 쏟아내면 남자들은 긴장되고 무섭다. 여자들은 울었다가 비꼬았다가 과거로 갔다가 현재로 갔다가 어머니 얘기를 했다가 애들 이야기를 쏟아낸다. 이럴 때 실제로 남자들의 뇌는 여자들이 쏟아내는 단어들을 다 따라잡을 수 없다고 한다. 우리가 처음 영어 회화 듣기 연습을 할 때, 수전과 제인이 샌드위치 집에서 만난 것까지는 얼추 들었는데, 갑자기 왜 조가 나타났는지 이야기의 한 토막이 들리지 않아 이야기의 흐름을 놓치는 것과 같다. 분명 한국말인데 도저히 이해할 수 없는 문장이 난무한다. 남자들이 이야기의 흐름을 놓쳐 내심 당황하고 있으면, 여자들은 기가 막히게 눈치를 챈다.

"당신, 내 말 듣고 있어?"
"그럼, 듣고 있지."
"그럼 말해봐. 내가 지금까지 무슨 얘기한 거야?"

당연히 이야기의 흐름은 놓친 남자는 애먼 이야기를 하게 되고 여자는 분노한다. "이것 봐, 내 말을 귓등으로도 안 들어. 이러니까 애들도 나를 무시하지."

당신은 억울하다. 열심히 다 듣고 있었는데, 그런데 들리지 않았을 뿐이다. 그러니 어쩔 수 없다. 방법은 할리우드 액션이다. 당신은 잘 듣고 있다는 리액션을 취해주면 된다. 상대가 단추 달린 옷을 입었으면 두 번째 단추를 노려보며 간혹 고개를 끄덕인다. 꽃무늬 옷을 입었으면 꽃잎의 개수를 세면서 가끔 고개를 끄덕인다. 상대가 체크무늬 옷을 입었을 때는 칸마다 숫자를 넣어보며 가끔 고개를 끄덕인다. 당신의 눈의 각도와 고개의 각도가 경청의 액션이 된다. 그리고 상대의 이야기가 다 끝나면 그때가 사과의 타이밍이다.

'그런데'는 절대 금물

2단계, 말 어미 변형은 절대 안 된다. "미안해"라고 사과하려거든 정확히 "미안해"라고만 말해야 하는 것이다. "미안한데." 안 된다. "미안하고." 열받는다. "미안해. 됐냐?" 짜증난다. 그리고 한국의 아버지들이 자주 쓰는 이른바 '셀프디스 반복사용법' 절대 안 된다. "예예~ 미안해요. 미안합니다. 예예~ 다 내 잘못입니다"는 처음부터 다시 시작해야 하는 거나 마찬가지다. 말 어미 한 글자에 사과의 진정성이 판가름 난다.

일을 할 때도 나의 실수를 인정하고 사과해야 하는 순간이 생긴다. 그런데 사과해야 하는 입장에서는 자신의 잘못을 인정하기가 치욕스럽고, 자존심이 상한다.

그런데 누군가에게 사과를 제대로 받았던 경험을 떠올려보자. 누군가 쿨하게 잘못을 인정하고 사과를 할 때, '치욕스러운 인간이군. 저렇게 순순히 자신의 잘못을 인정하다니 자존심도 없는가?' 이런 식으로 생각하지 않는다.

누군가 쿨하게 사과하면 '이 사람 생각보다 괜찮네'라며 그 사람의 실수를 만회하는 결과를 가져오기도 한다. 그러니 일을 할 때 사과해야 할 것 같은 껄끄러운 일이 생기면, 지체 말고 당당히 사과하는 것이 실수를 최대한 빨리 만회하는 또 하나의 길임을 잊지 말자.

무시무시한 디테일

디테일은 중요하고 힘이 있다. 사람들은 진실을 가늠하기 위해 디테일을 느낀다. 소개팅 자리에서 머리를 귀 뒤로 자연스럽게 넘기는 그녀의 디테일함이 매력적이라고 느끼면 그게 그녀의 진실이고, 그녀의 진실에 더욱더 가까이 가기 위해 애쓰게 되어 있다. 어느 식당의 갈비탕이 그렇게 맛이 있진 않았지만, 고급스러운 놋그릇에 정갈하게 음식이 담겨 나오면 일단 그곳에 관대한 마음을 가지게 되어 있다. 화장실의 두루마리 휴지조차도 정성스럽게 비치되어 있는 호텔 화장실을 생각해보라. 그래서 디테일은 중요한 것이다.

너무도 빤한 디테일, '고마워', '안녕', '미안해.' 너무도 식상한 단어이지만, 어쩌면 이 세 마디는 우리 관계의 본질과 진실을 지켜주는 어마어마한 디테일일지도 모른다.

'진심 소통'을 위한 팁

직장에서

- 출근했을 때 먼저 인사를 잘 건네는 편인가?
- 누군가에게 해야 할 감사 인사를 놓친 적은 없는가?
- 권력을 가지고 부정적인 관계 형성을 일삼는 이에게 일대일의 정면대응은 승산이 없다.

연애할 때

- '미안해'는 '미안해'로 끝낸다.

가정에서

- 아침에 일어났을 때, 상대방이 퇴근했을 때, 데이트하기 위해 만났을 때 "안녕?"이라고 다정하게 인사하자.

절대 포기해선 안 되는 일
누군가를 깊이 있게 사랑하고, 유지하는 것

앞으로 인간의 기대수명은 120세라는 이야기가 들린다. 더 길게는 150세까지 보기도 한다. 앞으로 운이 나쁘면 100년을 더 살게 될 수도 있다는 말인데, 얼마나 끔찍한지 모르겠다. 나는 생이 한 번인 것이 다행이라 생각하는 사람으로서 인간이 그렇게 길게 산다는 것이 희소식으로 들리기보다, 계속해서 연장되는 시한부 선고를 받는 느낌이다. 그리고 내가 왜 상당히 비극적인 관점에서 120세 혹은 150세 인생을 받아들이고 있을까 생각해보면, 혼자되는 것에 대한 공포가 느껴지기 때문이다.

노화가 진행되면 신체의 힘이 약해져 다리는 후들거리고, 행동반경은 좁아질 것이다. 급변하는 사회에서 휴대폰 하나 교체하는 것도 쉽지 않을 것이다. 그렇게 나는 계속해서 좁아지고 약해지다가 고립되는 가여운 노인이 되지 않을까. 그것이 무서워서 기대수명의 연장은 '지금 나가 죽어라' 하는 말과 동급으로 무서운 말이 되었다.

그런데 공포가 무한정 확장하는 것을 막아주는 것이 있다. 만일 그 미래 도시에서도 내 곁에 머무르는 누군가가 있다는 것이 보장된다면 그 공포가 주춤하고, 어쩌면 오래 사는 것이 괜찮을지도 모르겠다는 생각마저 하게 된다.

사람들은 어딘가에 투자를 한다. 합리적인 투자는 매우 중요하다고 생각한다. 그리고 투자 중에서도 관계에 대한 투자는 인간이 꼭 해야 하는 투자다. 이것이 미래를 맞이하는 중요한 자세다. 타인과 관계 맺는 것을 통해 내가 행복해질 수 있는 능력을 '소통력'이라 한다면, 소통력은 당신이 스스로를 포기하지 않는 한 언제든 나아질 준비가 되어 있다. 이 책에 나온 이야기들 중에 당신이 응용해볼 수 있는 3가지 정도를 골라주면 좋겠다. 그리고 "에이 못하겠어. 살던 대로 살자" 같은 못난 소리를 하지 않기를 응원한다.

난 개인적으로 이번 생에서 복근은 포기했다. 복근을 얻기까지의 고통을 감당할 자신이 없어서다. 하지만 관계는 포기하지 않을 것이다. 미래 도시에서 복근 없이는 살 수 있어도 같이 웃고 울며 곁에 있어줄 사람이 없이는 못 살 것 같기 때문이다. 미래 도시에서도 누군가와 함께하는 따뜻한 일상이 당신의 것이 되면 좋겠다. 지금 여기의 소통에 대한 노력은 분명 당신에게 좀 더 따뜻한 미래 도시를 선사할 것이다.

개정판 작업을 위해 2년의 시간을 기다려준 김영사에 감사의 마음을 전한다. 개정판에 대해 소극적이었던 나에게 그럼 2년 있다가 다시 연락을 하겠다더니 정말 알람을 맞춘 듯 2년 있다가 연락을 해주서서 감사하다. 많이 팔 목적 아니고, 많이 팔 수 있다 말하지 못지만, 한국 사회를 치열하게 살아간 한 여성 저자의 이야기라는 이유만으로도 이

책이 의미 있다 이야기해주어서 감동했고, 그 대목에서 개정판을 결심하게 되었다. 신의와 솔직함에 감동 먹었다. 개정판을 제안해준 김영사에 감사의 마음을 전하고, 처음 만나 지금까지 이별 없이 함께해준 '좋은 연애 연구소' 식구들, 또 항상 나의 민낯을 드러내도록 도와주는 사랑하는 가족에게 감사의 마음을 전한다. 그리고 그 누구보다 관계의 고민을 가지고 이 책을 끝까지 읽어주신 독자들께 감사의 마음을 전하고 싶다. 그럼 미래 도시에서 웃는 얼굴로 만날 때까지 모두 안녕히 지내시길 바란다. 변화에 대한 갈망이 우리의 삶을 밝혀주는 촛불의 심지가 되기를.